16,00

Noção de objeto, concepção de sujeito: Freud, Piaget e Boesch

Noção de objeto, concepção de sujeito: Freud, Piaget e Boesch

Lívia Mathias Simão
Maria Thereza Costa Coelho de Souza
Nelson Ernesto Coelho Junior

Casa do Psicólogo®

© 2002 Casa do Psicólogo Livraria e Editora Ltda.
É proibida a reprodução total ou parcial desta publicação, para qualquer finalidade, sem autorização por escrito dos editores.

1ª edição
2002

Editor
Anna Elisa de Villemor Amaral Güntert

Editor de Texto
Dirceu Scali Jr.

Produção Gráfica & Capa
Renata Vieira Nunes

Ilustração Capa
Sonia Delaunay – Baile Bullier, 1913

Revisão
Agnaldo Alves

Editoração Eletrônica
Renata Vieira Nunes

Dados Internacionais de Catalogação na Publicação (CIP)
(Câmara Brasileira do Livro, SP, Brasil)

Simão, Lívia Mathias
    Noção de objeto, concepção de sujeito: Freud, Piaget e Boesch / Lívia Mathias Simão, Maria Thereza Costa de Souza, Nelson Ernesto Coelho Junior. — São Paulo: Casa do Psicólogo, 2002.

Bibliografia:
ISBN 85-7396-164-3

    1. Boesch, Ernst – Psicologia 2. Freud, Sigmund, 1856-1939 – Psicologia 3. Objeto (Filosofia) 4. Piaget, Jean, 1896-1980 – Psicologia 5. Psicanálise 6. Sujeito (Filosofia) I. Souza, Maria Thereza Costa Coelho de. II. Coelho Junior, Nelson Ernesto. III. Título.

02-0228	CDD – 150.1

Índices para catálogo sistemático:

1. Sujeito-objeto: Relação: Psicologia 150.1

Impresso no Brasil
Printed in Brazil

Reservados todos os direitos de publicação em língua portuguesa à

Casa do Psicólogo® Livraria e Editora Ltda.
Rua Mourato Coelho, 1059 – Vila Madalena – 05417-011 – São Paulo/SP – Brasil
Tel./Fax: (11) 3034.3600 – E-mail: casapsi@uol.com.br

SUMÁRIO

APRESENTAÇÃO 7

1- VARIAÇÕES DO LUGAR DO OBJETO NA PSICANÁLISE
FREUDIANA 11
    Introdução 11
    Os diversos usos da noção de objeto em Freud 13
    Possíveis ordenações para a noção de objeto na psicanálise
    freudiana 19
    Conclusão – sujeito e objeto são suplementares 22
    Referências bibliográficas 25
    DEBATE 27
        Questões propostas por Lívia 27
        Questões propostas por Thereza 33
        Referências bibliográficas das respostas do debate 51

2- AS NOÇÕES DE SUJEITO E OBJETO NA TEORIA DE JEAN
PIAGET 53
    Epistemologia e Psicologia 53
    O sujeito ativo e construtor da inteligência 56
    Os objetos: desafios à assimilação 58
    A título de conclusão 60
    Referências bibliográficas 60
    DEBATE 61
        Questões propostas por Nelson 61
        Questões propostas por Lívia 62
        Texto-resposta escrito por Maria Thereza Costa Coelho de Souza 64
        Referências bibliográficas das respostas do debate 84

3- A NOÇÃO DE OBJETO E A CONCEPÇÃO DE SUJEITO
EM BOESCH 87
   A tríade cultura – ação – objeto e o lugar do sujeito 88
   Referências bibliográficas 94
DEBATE 97
   Questões propostas por Nelson 97
   Questão 2 100
   Questão 3 106
   Questões propostas por Thereza 109
   Questão 1 109
   Questão 2 111
   Questão 3 112
   Referências bibliográficas das respostas do debate 117

APRESENTAÇÃO

Esta publicação nasceu do interesse dos autores no debate epistemológico a respeito das relações entre a *noção de objeto* e a *concepção de sujeito*, presentes nas teorias de Freud, Piaget e Boesch. Como primeira oportunidade para esse debate, organizamos, na XXIX Reunião Anual de Psicologia, promovida pela Sociedade Brasileira de Psicologia, em 1999, uma mesa-redonda dedicada ao tema. Constatando, a partir daí, a demanda da comunidade acadêmico-profissional por iniciativas que abordassem, comparativamente e com profundidade, questões no plano epistemológico das teorias psicológicas, decidimos transformar nossas falas apresentadas naquela mesa-redonda em uma publicação, como forma de convite à continuidade do debate.

Nosso interesse no tema deste livro se assenta, por um lado, na própria centralidade da categoria *sujeito* na Psicologia, que pode ser ilustrada pelo fato de haver epistemólogos que defendem serem tantas as psicologias quantas são as concepções de sujeito. Tais concepções de sujeito estão, entretanto, mais implícitas que explícitas nas várias teorias psicológicas, já que a questão toca, na verdade, à dimensão meta-teórica. À concepção de sujeito em uma dada teoria corresponde, dialogicamente, uma dada concepção de *objeto*, de modo que é da relação *sujeito – objeto* que decorre boa parte da conceituação teórica caracterizadora desta ou daquela abordagem em psicologia. Em síntese, a cada aspecto meta-teórico da relação sujeito-objeto correspondem diferentes epistemologias em psicologia.

Por outro lado, as teorias e as práticas psicológicas têm sido obrigadas, cada vez mais, a enfrentar o desafio ético colocado por um campo de saber e fazer em que o objeto, na maior parte das vezes, é um outro sujeito. Aparece, deste modo, um campo ético marcado por experiências intersubjetivas, em que a radical alteridade representada por um *outro* não pode ser recusada sem que se caia em ilusórias, mas nem por isso menos condenáveis, assimilações do outro a mim.

É nesse enquadre que pensamos ser de interesse explorar comparativamente as relações sujeito-objeto em diferentes teorias psicológicas, buscando colaborar não só para o aprofundamento na compreensão de cada teoria abordada, em si mesma, mas também para a reflexão sobre o *status* do sujeito e do objeto na psicologia contemporânea.

O convite ao debate que procuramos trazer é endereçado, assim, tanto a estudantes de psicologia como a acadêmicos e profissionais, na medida em que todos lidamos cotidianamente, quer no nível teórico, quer no nível da prática (se podemos separá-los), com as relações sujeito-objeto implicadas nesta ou naquela teoria psicológica.

A escolha das três teorias/epistemologias/éticas focalizadas nesta publicação se deve à representatividade – e ao mesmo tempo diversidade – que acreditamos que elas têm na psicologia contemporânea: a teoria psicanalítica de Freud, com sua ênfase nos movimentos pulsionais e inconscientes; a teoria genético-construtivista de Piaget, com sua ênfase na evolução integrativa do pensamento; e a teoria semiótico-cultural de Boesch, com sua ênfase no afetivo simbólico. Dos três, Ernst Boesch, teórico contemporâneo e um dos pioneiros da psicologia cultural européia, é o menos conhecido no Brasil. Como herdeiro tanto da tradição piagetiana quanto da freudiana, se coloca, no cenário desta publicação, como um "autor de fronteira" entre Freud e Piaget. Considerando o significado de "fronteira" na própria concepção boeschiana, ficará evidenciada, por assim dizer, a originalidade e relevância de sua contribuição para as questões aqui tratadas.

Compusemos este livro a partir da escrita de três textos dedicados à reflexão das relações entre a *noção de objeto* e a *concepção de sujeito* na obra dos três teóricos. Cada um dos textos é seguido por outro, no qual cada um de nós responde a perguntas dos outros dois colegas, de modo a oportunizar o aprofundamento de aspectos apenas delineados no texto principal e, ao mesmo tempo, a exposição de algumas de nossas idéias desenvolvidas originalmente, a partir da reflexão sobre as teorias de Freud, Piaget e Boesch, embora não só a partir delas.

Com isso pensamos ter produzido textos ao mesmo tempo rigorosos, criteriosos e ágeis. Sem perder o caráter científico, buscam garantir uma linguagem acessível, recusando o hermetismo e o academicismo desnecessários. Procuramos manter o clima mais informal que caracteriza um debate, ao mesmo tempo que respeitar o estilo diferente de cada um dos autores em suas respostas. Optamos, por isso, por deixar de realizar um trabalho de edição que tornasse homogêneos os tipos de formulação e resposta presentes em cada texto.

Com nossas *diferentes* perspectivas em debate, a partir de Freud, Piaget e Boesch, que implicam, em última instância, *diferentes* enfoques quanto ao desenvolvimento humano, buscamos sugerir o olhar para *diferentes* facetas dos fenômenos evolutivos, a partir de posicionamentos epistemológicos *distintos*. Isto porque pensamos ser o exercício de interlocução imprescindível para a contínua formação de profissionais e pesquisadores de alto nível. Este mesmo exercício é, por sua vez, indissociável da construção de teorias que ampliem o espectro e aprofundem a densidade da compreensão do ser humano, especialmente diante dos desafios éticos deste novo século.

São Paulo, dezembro de 2001.

Lívia Mathias Simão
Maria Thereza Costa Coelho de Souza
Nelson Ernesto Coelho Junior

1- VARIAÇÕES DO LUGAR DO OBJETO NA PSICANÁLISE FREUDIANA[1]

*Nelson Ernesto Coelho Junior**

Introdução

Este texto tem por objetivo situar e discutir as definições e o estatuto da noção de objeto na teoria psicanalítica de Freud. Postulo que a compreensão da concepção de objeto na teoria freudiana é elemento decisivo na definição da concepção de sujeito, como aliás já foi sugerido, entre outros, por Merea (1994). Embora Freud não tenha explicitado uma concepção de sujeito em sua teoria, parece ser possível sugerir que as diferentes acepções que o termo objeto adquire no decorrer de sua obra são determinantes para uma possível definição do que viria a ser o sujeito na teoria psicanalítica freudiana. Entendo que a discussão desse tema é de fundamental importância, no momento que emerge com força reno-

---

1. Texto apresentado originalmente na mesa-redonda "Noção de Objeto, Concepção de Sujeito: Freud, Piaget, Boesch", na XXIX Reunião Anual de Psicologia da SBP, Campinas, SP, em 1999. Com modificações, foi apresentado no XXVII Congresso Interamericano de Psicologia, realizado em Santiago, Chile, em 2001, com o auxílio da FAPESP (processo 01/04184-1). Publicado, com outro título e em uma versão modificada, na revista *Ágora – Estudos em Teoria Psicanalítica – UFRJ*, vol. IV, n. 2, julho/dezembro de 2001, Rio de Janeiro. ISSN 1516-1498.

* **Nelson Ernesto Coelho Junior** é psicólogo e psicanalista. Doutor em Psicologia Clínica (PUC-SP), é professor do Instituto de Psicologia da Universidade de São Paulo. Desenvolve e orienta pesquisas na área de história e filosofia da psicologia, em particular sobre aspectos éticos e epistemológicos das teorias psicanalíticas. Publicou, entre outros livros, *A Força da Realidade na Clínica Freudiana* (Escuta, 1995) e *Ciência, Pesquisa, Representação e Realidade em Psicanálise*, com Raul Pacheco Filho e Miriam Debieux Rosa (EDUC/ Casa do Psicólogo, 2000), além de capítulos em coletâneas e artigos em periódicos nacionais e internacionais. E-mail: ncoelho@usp.br

vada a proposição de uma teoria e uma prática psicanalítica intersubjetiva, em oposição à tradicional perspectiva intrapsíquica[2]. Afinal, o objeto para Freud deve ser entendido sempre como um objeto psíquico ou é também um objeto real, externo? Quando os defensores de uma psicanálise intersubjetiva referem-se a objetos e a sujeitos, essas referências devem ser entendidas em termos de "entidades concretas" ou em termos de representações psíquicas, ou, ainda, nos dois níveis simultaneamente?

Procurarei, inicialmente, caracterizar a concepção metapsicológica que postula as pulsões como aspecto originário da constituição da subjetividade e os objetos apenas como aspecto secundário. Trata-se da posição sobre a noção de objeto que pode ser considerada predominante na obra de Freud. Por este viés, a noção de objeto aparece basicamente de dois modos: ligada à noção de pulsão – neste caso os objetos são correlatos das pulsões, são os objetos das pulsões; e ligada à atração e ao amor/ódio, quando então são os objetos correlatos do amor e do ódio.

Mas procurarei mostrar também que é possível derivar de Freud (como sugere BERCHERIE, 1988) uma outra posição metapsicológica que influenciou boa parte dos teóricos da psicanálise pós-freudiana, como Lacan e Winnicott: aquela que considera os objetos como determinantes originários na constituição da subjetividade. Aqui encontramos a evolução do pensamento freudiano a partir do texto *Uma Lembrança Infantil de Leonardo da Vinci* (FREUD, 1910), com destaque ainda para *Introdução ao Narcisismo* (FREUD, 1914) e, principalmente, *Luto e Melancolia* (FREUD, 1917/1972) onde a concepção de "objetos de identificação" torna-se fundamental na constituição do sujeito, em particular através da noção de identificação primária.

---

2. Confira-se, especialmente, Stolorow, R.D. e Atwood, G. E. (1992) *Contexts of Beeing – The Intersujective Foundations of Psychological Life*, Hillsdale, New Jersey: The Analytic Press, Mitchell, S. A. e Aron, L. (Orgs.) (1999) *Relational Psychoanalysis: The Emergence of a Tradition*, Hillsdale, New Jersey: The Analytic Press e Green, A. (2000) "The Intrapychic and Intersubjective in Psychoanalysis",*The Psychoanalytic Quarterly*, vol. LXIX, n. 1, 2000, pp. 1-39

Os diversos usos da noção de objeto em Freud

O complexo uso que faz Freud da noção de objeto em suas formulações teóricas exige que tratemos com máxima cautela a proposta de uma apresentação sistemática e "enciclopédica" dos termos e definições estabelecidos no decorrer de uma obra muito vasta, escrita em um período de mais de quarenta anos. André Green, em um texto recente, chegou a afirmar que o objeto para Freud é "polissêmico, existe sempre mais que um objeto e, como um todo, eles cobrem vários campos e realizam funções que não podem ser abarcadas por um só conceito". (GREEN, 2000, p. 9) Assim como acontece com outras noções centrais do ponto de vista epistemológico[3], também com relação à noção de objeto, Freud não chegou a estabelecer uma definição única e final em termos conceituais. Utilizando-se dos recursos próprios da língua alemã para a formação de palavras, Freud apresenta em suas obras uma série de noções que anunciam a riqueza e a variedade do uso do objeto na construção de sua teoria. Assim, encontramos, em uma lista não exaustiva, noções como *Objektwahl* (escolha de objeto), *Determinierung des Objectwahl* (determinação da escolha de objeto), *Identifizierung als Vorstufe der Objektwahl* (identificação como grau elementar da escolha de objeto), *infantile Objektwahl* (escolha de objeto infantil), *inzestuöse Objektwahl* (escolha de objeto incestuosa), *homossexuele Objektwahl* (escolha de objeto homossexual), *Anlehnungstypus der Objektwahl* (escolha anaclítica de objeto), *narzissistische Objektwahl* (escolha narcísica de objeto), *Objektfindung* (encontro do objeto), *Objektbesetzung* (investimento de objeto), *Objekt-Libido* (objeto de libido), *Objekttriebe* (objeto de pulsões), *Objektliebe* (objeto de amor), *Objektwechsel* (troca de objeto), *Objektwerbung* (recrutamento do objeto), *Objektverzicht* (renúncia do objeto), *Objektverlust* (perda do objeto), *Objektvermeidung* (ato de evitar o objeto) e *Mutterbrust als erstes Objekt* (seio materno como primeiro objeto). A partir desses

---

3. Desenvolvi argumento semelhante em dois trabalhos anteriores dedicados às noções de "realidade" (COELHO JUNIOR, Nelson – 1995 – *A Força da Realidade na Clínica Freudiana*, São Paulo: Escuta) e "percepção" (COELHO JUNIOR, Nelson E. – 1999 – "Inconsciente e Percepção na Psicanálise Freudiana", *Psicologia USP*, volume 10, número 1, pp. 25-54) na obra freudiana.

conceitos podemos reconhecer muitos dos temas centrais da teoria psicanalítica de Freud e a forma como a noção de objeto participa da construção do conjunto teórico. Como um primeiro ponto seria preciso destacar a relação entre a sexualidade, ou melhor, as moções da pulsão sexual, suas "ações", e os objetos. Em geral, Freud se refere a objetos que são na realidade representações psíquicas. Assim, o movimento a que se refere a moção pulsional deve ser considerado um movimento interno ao psiquismo. A seguir, seria necessário destacar a expressão "escolha de objeto", que se refere, em geral, à escolha de objetos de amor. Como bem expressam Laplanche & Pontalis (1967) o termo "escolha" não deve ser considerado em seu sentido racional, de uma opção consciente, mas sim como o que há de irreversível, na eleição feita pelo indivíduo, do seu tipo de objeto de amor. A escolha pode se referir a uma pessoa específica que é eleita como objeto de amor, ou a tipos de escolha, como quando Freud se refere, por exemplo, à "escolha de objeto incestuosa", ou "escolha de objeto homossexual". Há ainda a referência ao próprio sujeito ou, mais precisamente, ao ego como instância psíquica, que pode ser tomado como objeto, como no caso dos investimentos narcísicos. Mas, para Freud (1914/1972), escolhas narcísicas de objeto, embora exercidas a partir do modelo estabelecido da relação do sujeito consigo mesmo, caracterizam-se também por escolhas de outros objetos que representem de alguma forma o próprio sujeito ou algum de seus aspectos. Freud partiu de sua observação da experiência psíquica de indivíduos homossexuais que escolheriam seu objeto de amor tomando a si mesmos como modelo. Em oposição a este tipo de escolha, Freud propôs o que ele denominou de "escolhas anaclíticas de objeto". Nesses casos, o objeto de amor é escolhido a partir do modelo das primeiras relações objetais, em geral as relações com os pais. Em sua primeira teoria das pulsões, Freud propõe que as pulsões sexuais se apoiam originalmente sobre as pulsões de autoconservação. Assim, as escolhas anaclíticas de objeto estariam se estabelecendo a partir do modelo de relação presente nos primeiros momentos de vida, em que a satisfação sexual se apoiaria sobre objetos responsáveis pela conservação da vida, ou seja, principalmente sobre o seio materno. Daí outro uso do objeto na formulação teórica de Freud, aquele que estabelece que o seio materno é o primeiro objeto sexual: "Em um tempo em que o início da satisfação sexual ainda está vinculado ao recebimento de alimentos, a pulsão sexual encontra o objeto sexual fora do corpo da criança, na forma do seio materno." (FREUD, 1905/1972, p. 125) De fato, para Freud, o primeiro objeto será o modelo para as futuras relações objetais: "Existem, portanto, boas razões para que o ato de uma criança sugar o seio da mãe se torne o protótipo para toda relação de amor. Encontrar um objeto (*die Objektfindung*) é na realidade reencontrá-lo." (FREUD, 1905/1972, pp. 125-126). Essa é uma frase muito citada e talvez a mais reconhecida entre as passagens da obra freudiana em que há uma referência à noção de objeto. Embora Freud fizesse inicialmente uma clara diferenciação entre a sexualidade infantil e a sexualidade posterior ao período da puberdade, já fica claro nessa passagem uma das principais características da teoria psicanalítica, ou seja, que processos psíquicos infantis, tanto em sua dimensão de ação como de afeto e representação, tendem a ser o modelo para as relações adultas. Outro aspecto a ser ressaltado a partir dessa citação de Freud é a complexidade da experiência temporal, nos termos em que é compreendida pela psicanálise. Se inegavelmente há uma linha regressiva, onde o passado explica o presente (as escolhas objetais passadas explicam as escolhas atuais ou posteriores), há também o caminho inverso, onde só as experiências posteriores podem fazer com que as passadas ganhem sentido, ganhem significado. Essa última forma de compreender a temporalidade, como se sabe, foi denominada por Freud de *Nachträglichkeit* (posterioridade).

No texto de 1914, "Introdução ao narcisismo", Freud retomará o tema das escolhas objetais, propondo um resumo que, por sua importância, reproduzirei na íntegra:

Ama-se:
(1) A partir do tipo de narcísico:
    a) o que se é (a própria pessoa),
    b) o que se foi,
    c) o que se gostaria de ser,
    d) alguém que foi parte da própria pessoa.
(2) A partir do tipo anaclítico:
    a) a mulher que alimenta,

b) o homem que protege,
e a sucessão de pessoas substitutivas que venham a ocupar o seu lugar." (FREUD, 1914/1972, pp. 56-57)

Através dessa seqüência, é possível apreender os caminhos que Freud antevia para cada sujeito em suas escolhas de objeto amorosas. Mais uma vez fica claro o quanto as experiências amorosas infantis determinam as experiências posteriores. E, como aponta Merea,

> fica evidente que na escolha de objeto escolhe-se sempre com base no modelo que é ao mesmo tempo constitutivo do sujeito (e portanto também narcisista) e externo (e portanto anaclítico...). Desta perspectiva, não se torna tão cortante a distinção entre os dois modos de escolha de objeto, exceto em suas possibilidades de combinação, de extraordinária riqueza. (MAREA, 1994, pp. 8-9)

Mas fica claro também que tanto os movimentos que buscam no objeto externo a realização de um desejo, como aqueles que buscam no próprio sujeito essa realização, partem de marcas estabelecidas no psiquismo e de seus registros afetivos e representacionais. Ou seja, os estímulos, ou se quisermos, os "convites" que partem do mundo externo serão sempre secundários nessa concepção. Não há aqui nenhum poder de constituição do sujeito atribuído aos objetos enquanto fonte primária. A fonte primária das ações e escolhas será sempre algo "interno" ao próprio sujeito, ou melhor, o próprio movimento pulsional. Mas, ao menos potencialmente, no movimento da escolha de objeto, o sujeito entra em contato com a diferença, e assim percebe, ainda que parcialmente, a existência de um outro, de um não-ego.

É só a partir do momento em que Freud passa a valorizar os objetos de identificação, que esse modelo poderá ser modificado. Já no texto de 1910, *Uma Lembrança Infantil de Leonardo da Vinci* (FREUD, 1910), pode ser verificado o movimento de Freud em direção ao reconhecimento dos processos de identificação para a constituição da subjetividade. Ao procurar compreender a homossexualidade a partir das concepções psicanalíticas, sugere que o menino tende a recalcar seu amor pela mãe e, ao assim proceder, coloca-se em seu lugar, identifica-se com ela e acaba por tomar-se a si mesmo por modelo para seus novos objetos de amor. Encontramos assim, já nesse texto, importantes formulações sobre a identificação e o narcisismo. Mas é no texto de 1917, *Luto e Melancolia*, que a noção de identificação tomará corpo. O que se apresenta nesse texto é que em função da perda de um objeto que pode ser real ou mesmo fantasiada, o sujeito passa a viver uma identificação do objeto perdido com seu próprio ego. Embora Freud trabalhe ainda predominantemente com a concepção do objeto como sendo endopsíquico, nesse momento de sua obra começa a se esboçar a idéia da introjeção do objeto, através da identificação (principalmente da identificação primária), como elemento central na constituição da subjetividade. Freud passa pouco a pouco a considerar o ego como um precipitado de identificações, em que o modelo fundamental é a figura paterna. As identificações, como se sabe, ocorrem desde o início da vida, e vão preparando o caminho para o Complexo de Édipo, pedra angular da constituição da subjetividade para Freud. A identificação do menino com o pai pode servir aqui como exemplo: há, no início, simultaneamente, o desejo sexual pela mãe e a identificação com o pai. Na medida em que ocorre a necessidade de uma unificação da experiência psíquica, estes dois aspectos tendem a se fundir, dando origem ao Complexo de Édipo. É nesse momento que o pai passa a ser claramente um rival e a identificação pode adquirir um caráter hostil, que inclui movimentos de incorporação (querer ser como o pai) e substituição (querer ocupar o lugar do pai). Vale lembrar que o objeto incorporado (como também ocorre na relação objetal inaugural do bebê com o seio da mãe) não é da ordem do observável, já que é o objeto do desejo sexual, para o qual não há um correlato externo observável. Embora exista a *referência* a um objeto externo (seio da mãe, o pai etc.) não há nenhuma garantia de que o objeto visado pelo desejo sexual e incorporado psiquicamente, seja o objeto externo real. Incorpora-se, em última instância, uma relação que passa a produzir efeitos na cadeia de fantasias inconscientes. Freud postula, nesses termos, a constituição da subjetividade como um processo de sucessivas identificações. Os objetos vão sendo substituídos e o sucesso ou o fracasso nas substituições será determinante na formação de sintomas ou do equilíbrio e das possibilidades criativas de cada sujeito.

Se retomarmos o caso específico da melancolia, estudado por Freud no texto de 1917, poderemos verificar que a principal dificuldade está justamente na impossibilidade de substituição do objeto de amor. Mesmo que o teste de realidade comprove para a instância egóica a ausência do objeto na realidade exterior, no plano das fantasias e dos devaneios o objeto perdido mantém-se presente. Ou como sugere Pollock: "... fantasias e devaneios com relação ao finado objeto podem interferir no trabalho de luto e, em instâncias em que o objeto morto não pode ser apreciado realisticamente, o objeto continua a existir como um objeto introjetado inassimilável, com o qual conversações internas podem ser mantidas." (POLLOCK, 1994, p. 155)

A tensão caracterizada pela ausência do objeto externo, acompanhado da presença psíquica do objeto é fonte de grande sofrimento. O exemplo da melancolia é elucidativo de uma das formas com que o objeto aparece na teorização freudiana. A simultaneidade entre presença e ausência, a impossibilidade de uma parcela do psiquismo em reconhecer a perda do objeto, insistindo em sua presença psíquica, evidencia a complexidade da noção de objeto em uma teoria que procura justamente ultrapassar os limites da objetividade.

Ao lado disso, entendo ser importante sublinhar a ambigüidade presente na concepção freudiana do objeto a partir da formulação das identificações como elemento constituinte dos processos de subjetivação. Pode-se reconhecer o esforço de Freud em não estabelecer uma presença apenas empírica dos objetos. Por outro lado, seria errôneo supor que Freud negue a realidade dos objetos externos ou mesmo sua importância na constituição da subjetividade. Não há, em Freud, a pretensão de que a representação psíquica do seio materno, por exemplo, possa ter se formado sem que existisse um seio materno "empírico". O objeto seria simultaneamente empírico e psíquico. É deste modo que a teorização freudiana acaba por constituir sua especificidade quanto à noção de objeto. Florence chega a afirmar que "a psicologia se refere a objetos da

objetividade. A psicanálise situa-se no nível da objetalidade."
(FLORENCE, 1994, p. 162) A objetalidade refere-se a uma experiência da identificação que não se confundiria com a descrição psicológica da imitação. Não há, de fato, nessa concepção, a possibilidade de um objeto empírico "estável", que venha a ser imitado. Nas identificações, a ênfase recairia muito mais sobre a relação entre um sujeito e os objetos, do que nos termos em si, de forma isolada. Assim, o sujeito criaria seu objeto, da mesma forma que o objeto criaria o sujeito através de sucessivas relações. Encontraríamos aqui o que o filósofo francês Merleau-Ponty (1945/1964) denomina de processos de mútua constituição nas relações entre sujeito e objeto. Não há anterioridade entre sujeito e objeto e também não há mais termos fixos, já constituídos. O que há é um processo permanente de mútua constituição. Essas são as exigências reflexivas que as propostas freudianas sobre a identificação acabam por nos colocar. Nenhuma destas idéias está explicitada na obra freudiana, mas são idéias a que se chega a partir das exigências colocadas pelos textos de Freud. Voltarei a isso na conclusão deste artigo.

Possíveis ordenações para a noção de objeto na psicanálise freudiana

É possível estabelecer diferentes ordenações da noção de objeto na obra freudiana a partir do que já foi exposto. Nenhuma delas é definitiva, mas escolhas precisam ser feitas se quisermos avançar na compreensão de um pensamento tanto no que diz respeito a seus acertos quanto a seus erros. É inevitável, nas tentativas didáticas de ordenação de um conceito em uma obra tão complexa como a de Freud, algum grau de esquematismo e simplificação. Pretendo correr esse risco em favor da clareza da exposição e, acreditando que o leitor poderá avançar, a partir da ordenação proposta, para além dela em direção a uma re-complexificação mais sistemática do conceito de objeto e da relação sujeito/objeto na obra freudiana. Assim, uma ordenação possível seria a seguinte:

1- O OBJETO É OBJETO DA PULSÃO

Considerando a teoria pulsional, Freud afirma que constitui-se como objeto da pulsão todo objeto no qual ou através do qual a pulsão consegue atingir seu alvo. O objeto não é fixo, nem previamente determinado, é o que há de mais contingente no conjunto de elementos e processos presentes nos atos pulsionais. O objeto é variável e indeterminado, mas é o que permite satisfação às pulsões. Os objetos pulsionais tendem a ser objetos parciais, como por exemplo partes do corpo. Não precisam ser objetos reais presentes, podem ser objetos fantasiados, o importante é que sejam objetos que garantam a satisfação. Nesse sentido, o objeto estará sempre a serviço dos movimentos das pulsões sexuais, tal como Freud as define em sua primeira teoria das pulsões.

2- O OBJETO É OBJETO DE ATRAÇÃO E DE AMOR

Os objetos de atração e objetos de amor, são em geral indivíduos, que articulam-se não apenas a relações pulsionais mas principalmente a relações do ego total com os objetos. É através dos objetos de amor que Freud (1910/1972) elabora as passagens de fantasias infantis inconscientes para as experiências na assim chamada "vida real". Parte-se, na infância, de objetos visados pelas pulsões parciais para se atingir, posteriormente, objetos totais, visados pelo ego adulto. É possível apreender, a partir dessa noção de objeto, uma certa concepção de desenvolvimento psicossexual sugerida por Freud, na passagem de objetos da pulsão – parciais e pré-genitais, para objetos totais – objetos de amor e genitais. No entanto, as próprias investigações posteriores de Freud (1917/1972), e principalmente os trabalhos de Abraham (1924/1980) e Klein (1932), tornarão essas relações muito mais complexas, envolvendo a experiência do fetichismo e os processos de incorporação, introjeção e projeção, fazendo com que a relação com objetos parciais assuma um papel central.

3- OBJETO E NARCISISMO. O EGO TORNA-SE OBJETO DA PULSÃO

A introdução do ego como objeto da pulsão abre espaço para uma grande transformação na obra freudiana que culminará com uma nova teoria das pulsões. A complexidade das relações entre as pulsões e seus objetos recoloca a questão sobre as formas de vinculação entre os objetos das pulsões sexuais e os objetos de necessidade, vinculados às pulsões de auto-conservação. A própria noção de prazer e objetos de prazer precisará ser questionada, ao lado da noção de identificação. E, ainda mais, o ego, nos processos narcísicos, é definido como um objeto de amor. Será o ego um objeto de amor como qualquer outro?

4- OBJETO E IDENTIFICAÇÃO

Principalmente a partir do texto *Luto e Melancolia*, Freud passa a dar mais ênfase à importância dos objetos de identificação na constituição do sujeito. Na experiência melancólica há a introjeção de uma relação ambivalente entre o ego e o objeto, objeto que nesse caso é inconsciente. A indentificação parcial entre o ego e o objeto "perdido" resulta em um processo de grande destrutividade para o ego, na medida em que o ego não consegue igualar o objeto introjetado e assim partir em busca de novos objetos. Freud estabelece também, com clareza, que o objeto pode ter sua existência no psiquismo mesmo depois de não estar mais presente como objeto da percepção. As múltiplas dimensões psíquicas e empíricas que se desdobram a partir da concepção freudiana das identificações têm papel preponderante nas formulações da noção de objeto de autores pós-freudianos. Pode-se dizer que o objeto jamais será o mesmo para a psicanálise a partir da ênfase nas identificações como elemento central na constituição da subjetividade.

5- PERCEPÇÃO E OBJETO. O OBJETO DA PERCEPÇÃO É OBJETO REAL?

A formulação sobre o vínculo entre percepção e objeto, presente principalmente nos textos iniciais de Freud, apresenta o objeto como sendo por um lado um objeto externo e real, oferecendo ao sujeito – ou à consciência – o critério de realidade, e de outro lado como sendo um objeto psíquico e então trata-se fundamentalmente de representações (*Vorstellungen*). Nesse plano, Freud não se distingue de boa parte da tradição psicológica, onde objeto é objeto empírico e a representação seria uma representação do objeto real externo. A percepção seria uma função da consciência, ou do ego, que por sua vez deveria ser definido como sede das funções psicológicas (atenção, cognição, etc.) Mas Freud (1915/1972 e 1923/1972) introduz uma novidade, em termos de teorias clássicas da percepção, ao deixar aberta a possibilidade de percepções inconscientes. E nesta medida permite com que se postule o reconhecimento de que nenhuma percepção garante um acesso objetivo à realidade[4], não cabendo, assim, reconhecimentos definitivos sobre a objetividade das percepções.

Conclusão – sujeito e objeto são suplementares

Apesar destas diferentes acepções podemos considerar que na teoria freudiana, de uma forma geral, o objeto está sempre ligado ao processo da história de vida do sujeito, ou seja, se o objeto é determinado por algo, não o é simplesmente por elementos constitucionais de cada sujeito, mas sim pela história de vida (fundamentalmente a história de vida infantil). Neste sentido, mesmo a assim chamada "escolha de objeto" presente na adolescência e na vida adulta se não ocorre por acaso, também não pode ser concebida como completamente determinada, seja constitucionalmente, seja por uma decisão soberana da consciência ou do ego.

Freud denominou *série complementar* a complementariedade de fatores exógenos e endógenos na etiologia das neuroses. Esta mesma concepção nos parece adequada para pensar, em um primeiro nível, o estatuto do objeto na teoria freudiana. Freud se refere a objeto tanto no sentido de um objeto dito "externo" quanto a um objeto dito "interno". O objeto é simultaneamente interno e externo. Trata-se de entender as formulações freudianas para além das tentativas de reduzi-las quer ao empirismo quer ao idealismo. Assim, seria preciso reconhecer que Freud supõe um sujeito

---

4. A esse respeito, confira Coelho Junior, N. E. (1999) Inconsciente e percepção na psicanálise freudiana, *Psicologia USP*, vol. 10, n. 1, pp. 25-54.

(pulsional) constituindo objetos e também objetos (de identificação) constituindo o sujeito.

A partir da trajetória realizada, é possível a proposição de uma concepção freudiana do sujeito, apesar dos riscos envolvidos. Entendo que o sujeito precisaria ser pensado como resultado, simultaneamente, da complexa intensidade dos movimentos pulsionais e das sucessivas identificações (possíveis também graças a uma presença "ativa" de objetos como a mãe, o pai, etc.) ocorridos em seu processo constitutivo. A idéia de simultaneidade é aqui fundamental. Não penso que haja anterioridade das pulsões com relação aos objetos de identificação, como tampouco me parece possível dizer que os objetos antecedam os movimentos pulsionais. Seria necessário reconhecer em Freud uma lógica não-identitária, uma lógica da suplementaridade para dar a essa concepção sua formulação mais rigorosa. Os pólos da dualidade (pulsão-identificação, interno-externo, psíquico-empírico ou mesmo sujeito-objeto) não precisam ser pensados como cada um sendo idêntico a si mesmo. Tampouco bastaria pensar os pólos como complementares, o que ainda manteria uma certa unidade permanente e definitiva na concepção de cada um dos elementos complementares, ou então a diluição de cada pólo em um novo "produto" resultante da complementariedade. Entendo que cada um dos pólos traz em si a exigência de suplementação. Ou como sugere Figueiredo, a partir do filósofo francês Derrida (1973): "...cada pólo é sempre um apelo de suplemento endereçado ao outro, (...) cada pólo procura no outro a suplência de suas fraquezas ou o controle suplementar de seus excessos." (FIGUEIREDO, 1999, p. 28) Ao propor a lógica da suplementaridade como alternativa à lógica identitária e à lógica dialética, Figueiredo procura enfatizar uma leitura que valoriza as tensões internas e as dificuldades próprias da construção da teoria em Freud, recusando leituras enrijecidas dos conceitos ou a imposição de buscas apressadas de sínteses evolutivas entre polaridades. Mais do que isso, chega a propor que "na perspectiva que acredito ser a de Freud, a subjetividade (o aparelho psíquico) é constituído na e pela lógica da suplementaridade." (FIGUEIREDO, 1999, p. 29) Outra vez encontramos, neste ponto, as concepções de Merleau-Ponty e sua noção de uma dialética sem síntese, que ao invés de reunir polaridades impõe a permanente exigência de um pólo a outro, que estarão sempre em constante dinâmica. Mas isso não implica no estabelecimento de relações aleatórias entre os pólos, ou na relativização de qualquer conhecimento sobre os processos de constituição da dinâmica:

> O que se deve aqui apontar é que a dialética sem síntese de que falamos não é o ceticismo, o relativismo vulgar ou o reino do inefável. (...) Em outros termos, o que excluímos da dialética é a idéia do negativo puro, o que procuramos é uma definição dialética do ser, que não pode ser nem o ser para si nem o ser em si – definições rápidas, frágeis e lábeis... (MERLEAU-PONTY, 1964, pp. 129-130)

Seja através da idéia de suplementaridade ou de uma dialética sem síntese, o que pretendo expor é a necessária suplementação dinâmica entre as concepções de sujeito e objeto na obra freudiana. Parti da tentativa de formular as diferentes concepções de objeto e seus usos nos textos de Freud. Caminhei para a proposição de possíveis ordenações da noção de objeto em Freud, para chegar a uma especulação sobre a construção de uma relação sujeito-objeto na obra freudiana. Várias tentativas de fornecer uma epistemologia confiável ao trabalho de Freud foram rejeitadas por vários comentadores, e com razão[5]. O que procurei apresentar neste texto, mais de que uma proposição epistemológica, é a proposta de uma leitura de certas noções que acompanham o percurso realizado por Freud em sua obra, sugerindo algumas balizas que talvez permitam novos questionamentos e novas "traduções" dos textos freudianos, que parecem (felizmente) se mostrar irredutíveis a qualquer tentativa de uma tradução final e definitiva.

---

5. A esse respeito, confira Monzani, Luiz Roberto (1991). Discurso filosófico e discurso psicanalítico: balanço e perspectivas. Em Bento Prado Jr. (Org.) *Filosofia da Psicanálise*. São Paulo: Editora Brasiliense.

Referências bibliográficas

ABRAHAM, K. (1924/1980) *Psicoanálisis Clínico*, Buenos Aires: Ediciones Hormé.

BERCHERIE, P. (1988) *Géographie du champ psychanalytique*. Paris: Navarin Editeur.

COELHO JUNIOR, N. (1995) *A Força da Realidade na Clínica Freudiana*, São Paulo: Editora Escuta.

COELHO JUNIOR, N. E. (1999) "Inconsciente e percepção na psicanálise freudiana". *Psicologia USP*, vol. 10, n. 1, 25-54, São Paulo.

FIGUEIREDO, L. C. (1999) "Psicanálise e Brasil – Considerações acerca do sintoma social brasileiro", In: *Psicanálise e Colonização* (org. SOUZA, E. A.), Porto Alegre: Artes e Ofícios.

FLORENCE, J. (1994) "As identificações". In: *As identificações na clínica e na teoria psicanalítica*. (org. MANNONI, M.) Rio de Janeiro: Relume Dumará, 1994.

FREUD, S. *Studienausgabe*, Frankfurt: S. Fischer Verlag, 1972.

_____. "Drei Abbandlungen zur Sexualtheorie", 1905, vol. 5, pp. 37-147.

_____. "Über einen besonderen Tvpus der objektwahl beim Manne", 1910, vol. 5, pp. 185-195.

_____. "Eine Kindheitserinnerung des Leonardo da Vinci, 1910, vol. 10, pp. 88-159.

_____. "Zur Einführung des Narzissmus", 1914, vol. 3, pp. 37-68.

_____. "Das Unbewusste", 1915, vol. 3, pp. 119-174.

_____. "Trauer und Melancholie", 1917, vol. 3, pp. 183-212.

_____. "Das Ich und das Es", 1923, vol. 3, pp. 273-330.

FREUD, S. "Fetichismus", 1927, vol. 3, pp. 379-388.

GREEN, A. (2000) "The Intrapychic and Intersubjective in Psychoanalysis", *The Psychoanalytic Quarterly*, vol. LXIX, n. 1, 2000, pp. 1-39.

KLEIN, M. (1932) *Die Psychoanalyse des Kindes*. Viena: Internationaler psychoanalytischer Verlag.

LAPLANCHE, J. & PONTALIS, J. B. (1967) *Vocabulaire de la psychanalyse*. Paris: Presses Universitaires de France.

MITCHELL, S. A. & ARON, L. (Orgs.) (1999) *Relational Psychoanalysis: The Emergence of a Tradition*, Hillsdale, New Jersey: The Analytic Press.

MEREA, C. (1994) "Os conceitos de objeto na obra de Freud". In: *Contribuições ao conceito de objeto em psicanálise*.(org. BARANGER, W.). São Paulo: Casa do Psicólogo, pp. 1-18.

MERLEAU-PONTY, M. (1945) *Phénoménologie de la perception*. Paris: Gallimard.

_____. (1964) *Le visible et l'invisible*. Paris: Gallimard.

MONZANI, L. R. (1991) "Discurso filosófico e discurso psicanalítico: balanço e perspectivas". In: *Filosofia da Psicanálise* (org. PRADO, B.) São Paulo: Editora Brasiliense.

POLLOCK, G. H. (1994) "Mourning and adaptation". In: *Essential papers on object loss* (org. FRANKIEL, R.). New York: New York University Press.

STOLOROW, R. D. & ATWOOD, G. E. (1992) *Contexts of Beeing – The Intersujective Foundations of Psychological Life*, Hillsdale, New Jersey: The Analytic Press.

DEBATE

Questões propostas por Lívia:

QUESTÃO 1

A primeira questão se refere à idéia de irreversibilidade presente no significado do termo "escolha". Como essa "eleição irreversível" se relaciona à questão da contínua mudança no desenvolvimento psíquico? Ou estaríamos falando em termos de irreversibilidade do tempo (no sentido de Prigogine, adotado pelos socioconstrutivistas), o que leva à idéia de irrepetibilidade da experiência (e de sua elaboração)?

RESPOSTA 1

A escolha do objeto de amor é determinada pela organização psíquica do sujeito; organização que se inicia com as primeiras experiências do bebê de contato com o mundo e tende a se tornar bastante estável a partir da resolução edípica. Ou ainda, de forma mais precisa, poderíamos acompanhar Freud em sua proposição sobre as "Séries Complementares", lembrando que comparecem na constituição das formas de escolha de objetos tanto fatores exógenos como fatores endógenos, tanto a experiência vivida quanto a constituição sexual, o desenvolvimento singular da libido em um determinado sujeito. Se pudéssemos fazer uma comparação um tanto livre, pensaríamos no aprendizado da língua materna pelas crianças. Antes de iniciá-lo, o aparelho fonador não possui limites (a não ser que haja algum quadro patológico de origem genética ou traumática); está aberto a qualquer aprendizado. Na medida em que uma língua vai sendo aprendida, com suas características específicas de musicalidade, ritmo e principalmente sonoridade dos fonemas, o aparelho vai se configurando a partir daquela experiência original. O aprendizado de outras línguas continua sendo possível, é claro, e especialmente durante o período da infância pode se dar praticamente sem a aquisição de sotaque. Mas o aprendizado se dará a partir da experiência original e do que ela deixou como "marca".

Voltando às escolhas de objetos devemos reconhecer que elas se baseiam nas modalidades de contato possíveis a esse sujeito singular, que encontra no objeto "escolhido" os aspectos contingentes necessários à satisfação pulsional. Nas palavras de André Green (1988), "o objeto é o revelador da pulsão. Ele não as cria – e sem dúvida podemos dizer que é criado por elas, pelo menos em parte – mas é a condição de seu vir a existir. E é através dessa existência que ele mesmo será criado ainda que já estando lá." (p. 64). Essas observações de Green incidem fundamentalmente sobre a acepção de objeto como objeto da pulsão. Vejamos, em maior profundidade, o que nos revela a acepção do objeto como foco da escolha amorosa de um sujeito.

A escolha de objeto amoroso, como procurei indicar no texto, refere-se seja a um objeto total (outro sujeito) seja a um tipo de escolha. Nesse último caso, fica mais clara a idéia de uma certa irreversibilidade, pois um tipo determinado de escolha amorosa (incestuosa, homossexual etc.) revela-se como tendência constante, ainda que não necessariamente irreversível, daquele sujeito.

Retomemos um dos aspectos que explorei no texto, para avançar nessa resposta. Freud procurou distinguir, em *Para introduzir o Narcisismo*, de 1914, duas modalidades possíveis de escolha de objeto amoroso: a escolha narcísica e a escolha anaclítica de objeto (ou por apoio). A primeira delas se efetua a partir da relação do indivíduo consigo mesmo. O objeto de amor, assim, representa aspectos do próprio sujeito, e o que é amado, no objeto, está compreendido dentre uma das seguintes possibilidades: o que se é (a própria pessoa), o que se foi, o que se gostaria de ser, ou a pessoa que foi algum dia parte da própria pessoa (aqui Freud refere-se ao modelo de amor narcísico da mãe, partindo do fato do filho ter sido, um dia, parte de seu corpo).

Diferentemente dessa escolha, a que se efetua segundo o modo anaclítico (ou por apoio) pressupõe que, no nível pulsional, as pulsões sexuais se apóiam nas pulsões de auto-conservação (daí o tipo de escolha "por apoio"). E no que concerne aos objetos, pressupõe que o protótipo do objeto sexualmente satisfatório seriam as pessoas que trataram da alimentação, dos cuidados e da proteção da criança.

Em um ou outro modelo, entretanto, a escolha do objeto amoroso não se dá unicamente em função da história vivida, ou em outros termos, da experiência nas fases do desenvolvimento psicossexual da libido. Vale lembrar o que foi dito no início dessa resposta, acerca das séries complementares. Para Freud, existe uma dupla determinação que possibilita infinitas redes combinatórias: de um lado a constituição biológica, a carga genética, e de outro os representantes simbólicos dessa filiação específica, assim como o desenvolvimento contingente da sexualidade e da libido nas experiências vividas, em suas diversas fases e com seus inúmeros desdobramentos.

QUESTÃO 2

Ainda sobre a questão do tempo, a posterioridade reverteria, até certo ponto, a linha regressiva presente em Freud. Entretanto, me parece que a reversão de fato da linha regressiva necessitaria também do apelo à noção de futuridade, destacando-se o papel da expectativa e do desejo a respeito do futuro, mas no sentido *jamesiano*: a relação da pessoa com o futuro não é racional, mas emocional.

RESPOSTA 2

Na concepção de Freud não se trata exatamente de uma reversão, em um sentido mais absoluto. O que está em jogo na noção freudiana de temporalidade e na de causalidades psíquicas é um movimento contínuo de retomadas e reelaborações de experiências passadas através da presença sempre renovada de experiências atuais. Através de experiências atuais novos sentidos ou, até mesmo, *algum sentido* pode surgir, como também pode ser garantida alguma eficácia psíquica, patogênica ou não, a uma experiência até então "congelada" em seus potenciais de efetivação.

Freud, ao que me parece, jamais chegou a propor (ou almejar) uma reversão de fato da linha regressiva. Com efeito, uma experiência infantil talvez não "recebesse" uma determinada carga ou valor afetivo se não houvesse uma experiência posterior, que lhe conferisse um outro (ou até mesmo *um*) sentido. O que foi vivido na infância, ou em qualquer outro momento receberá algum significado porque, no momento em que foi vivido, não teve como ser integrado em uma rede de referências que o tornasse significativo. Por exemplo, uma intensa relação afetiva na infância, com uma outra criança próxima, pode ser compreendida de modo bastante diferente depois do adolescente ter se dado conta (conscientemente) da sexualidade e suas forças. E nesse caso, a própria situação infantil é reavaliada, podendo gerar, por exemplo, uma profunda culpabilidade, que até então não estava associada a essa experiência. No entanto, sem a experiência infantil (que, do ponto de vista cronológico ocorre necessariamente antes), a experiência adolescente não teria sobre o que incidir e não provocaria a mesma experiência de culpabilidade. Ou seja, a experiência infantil nunca chega a perder sua importância, enquanto experiência vivida e determinante para os desenvolvimentos posteriores. O que se passa, é que a despeito da leitura mais apressada e corrente da psicanálise, que defende um determinismo simples – do tipo, "o passado explica o presente" – Freud construiu uma visão complexa e sofisticada das determinações psíquicas. E, isso, não só através do recurso à posterioridade (*Nachträglichkeit*), mas também através da noção de *sobredeterminação*, que revela a idéia de que cada processo psíquico é marcado por um conjunto de determinações e sentidos que concorrem efetivamente para sua realização.

QUESTÃO 3

Sendo o Complexo de Édipo a "pedra angular da constituição da subjetividade em Freud", como esta noção contemplaria a questão da intersubjetividade na constituição do sujeito? Em que sentido os "outros" da tríade do Complexo (pai e mãe) seriam ativos nesse processo intersubjetivo?

Resposta 3

Essa questão é bastante bem-vinda, pois permite aprofundar um dos pontos centrais tratados em meu texto. Trata-se da relação entre o modelo pulsional na psicanálise – modelo em que se ancora o complexo de Édipo – e a compreensão intersubjetiva. De início, compreendo que ambas leituras são legítimas, já que estão presentes em diferentes momentos da obra de Freud. A relação entre elas, entretanto, não é de exclusão, como se poderia pensar, mas de suplementação: uma teoria fornece elementos e supre as deficiências da outra.

O modelo que prioriza o conceito de pulsão situa esse conceito na fronteira entre o psíquico e o somático; concebe a pulsão como um processo dinâmico, dotado de uma pressão, uma fonte, um alvo e um objeto. A pulsão, então, tem uma carga energética (pressão), que faz com que a excitação corporal (fonte) tenda a achar um alvo para suprimir o estado de tensão. É através do objeto encontrado, ou graças a ele, que a pulsão pode encontrar seu alvo. No entanto, o acento é no caráter irrefreável da pulsão, mais do que na fixidez do objeto. Pelo contrário, diz-se do objeto da pulsão que ele é contingente. Ou seja, o objeto é, de certo modo, passivo e não atrativo com relação à pulsão. O pulsional – aquilo que vem "de dentro" – constitui o objeto, que nesse modelo está originalmente fora, embora possa também ser pensado, após os primeiros momentos de vida, como objeto interno.

É de acordo com essa perspectiva que Freud compreende o complexo edípico e em função dela que a experiência edípica adquire caráter universal. Assim, haja o que houver do ponto de vista da realidade externa, a criança se vê frente a uma instância interditória, que coloca as barreiras necessárias à satisfação naturalmente visada pela pressão pulsional. Isso ocorre independentemente da efetiva influência (ou ausência dela) exercida pelo casal parental. A partir da aceitação do interdito, o desejo e a lei ficam inseparavelmente ligados, e é daí que advém a eficácia do complexo de Édipo.

Esta é a chamada concepção estrutural do Édipo, cuja dissolução deixa como herança a formação do superego e como efeito na organização psíquica do indivíduo, as identificações, que substituem os investimentos anteriores nos pais. É a partir de fatores como as identificações e a formação do superego que se abre, na própria obra freudiana, a entrada para se pensar a questão da intersubjetividade. A formulação da segunda teoria do aparelho psíquico (id, ego e superego) admite que o surgimento dessas instâncias está estritamente ligado às identificações do sujeito, e em muitos aspectos traz resquícios de suas relações de objeto. Desse modo, é aqui possível considerar que as relações de objeto − e em última instância o próprio objeto externo − estão incluídas na formação do sujeito. Afinal, ele se identifica com (aspectos de) um objeto a princípio real, concreto e externo.

Esta compreensão da dissolução do complexo de Édipo vai além dos limites da proposta estrutural, pois atribui um lugar essencial, na constituição de um determinado complexo de Édipo, não apenas ao indivíduo e aos seus movimentos pulsionais, mas também aos outros participantes do triângulo (incluindo aí as próprias relações de objetos dos pais, seus desejos inconscientes, a relação entre eles, etc.). Ou seja, reconhece a importância da intersubjetividade para a constituição do sujeito.

Ao mesmo tempo, poderia ser interessante pensar que nos desenvolvimentos psicanalíticos realizados a partir da obra de Freud, a experiência e o conceito de intersubjetividade podem assumir diferentes dimensões e conotações, como sugere Figueiredo[6]. Uma das dimensões é a da intersubjetividade intrapsíquica, que nos remete ao plano dos objetos internos e das fantasias e, de modo geral, ao modo *object-relating* de funcionamento psíquico. Ou seja, na teorização psicanalítica é possível conceber uma dimensão da

---

6. Em suas notas "Sobre a Intersubjetividade", apresentadas na primeira aula (17.08.2001) da disciplina de pós-graduação "O conceito e a experiência da intersubjetividade: desdobramentos na Filosofia, na Psicologia Fenomenológica Experimental e na Psicanálise", que ministra junto comigo no Instituto de Psicologia da USP, Luis Claudio Figueiredo propôs o instigante desdobramento da noção e da experiência da intersubjetividade na psicanálise, a partir das seguintes dimensões: a) intersubjetividade interpessoal; b) intersubjetividade intrapsíquica; c) intersubjetividade traumática; d) o solo transubjetivo.

experiência intersubjetiva em que a presença de objetos (no caso, outros sujeitos, ou ao menos partes deles) não precisa se dar efetivamente na realidade externa para que possua efeito e produza conseqüências, em termos psíquicos. Nessa dimensão, bastante trabalhada nas obras de Melanie Klein, Fairbairn, Winnicott e Bion, por exemplo, a experiência intersubjetiva comparece através de uma intrincada rede de relações com objetos, vivida no plano intrapsíquico. Embora esses objetos "internos" possam ter tido, em algum momento da vida do sujeito, seu correlato "externo", real (no sentido empírico), não é a partir dessas possíveis referências externas que sua efetividade se verifica. Para que essa concepção faça algum sentido, e que não desmorone diante da argumentação de que esses objetos já não são mais objetos, mas sim parte integrante daquilo que se denomina sujeito, é preciso relembrar a postulação freudiana de um psiquismo que não se configura como uma unidade, a partir do primado da consciência, mas sim como uma multiplicidade, a partir do primado do inconsciente e da constante presença do conflito psíquico.

Questões propostas por Thereza:

Questão 1

Se, para Freud, o sujeito é "resultado da complexa intensidade dos movimentos pulsionais e das sucessivas identificações..." e se Freud não explicita uma concepção de sujeito, em sua teoria, poder-se-ia dizer que este autor fala de muitos sujeitos individuais, os quais movidos pelos movimentos das pulsões dirigem-se aos objetos, como meios para atingir o fim, não sendo possível definir a generalidade DO SUJEITO e, ao contrário, falar somente DOS SUJEITOS? Ou ainda, como você diz, sujeito e objeto na perspectiva freudiana estão a serviço dos movimentos pulsionais não havendo necessidade epistemológica de defini-los. (Digo isto porque, para Piaget, parece clara a idéia de ação e portanto de UM SUJEITO – epistêmico –, que age sobre o mundo, seja criança ou adulto, sendo que a dimensão individual colabora e muito para o conteúdo, das ações, mas não para a sua forma, a qual é geral). Em Freud, parece não haver consideração da idéia de geral ou de regularidade e muito mais importante as vicissitudes individuais (história de vida sobretudo). A pergunta é: Há UM SUJEITO ou SUJEITOS, na teoria freudiana?

Resposta 1

Neste tema, como em tantos outros, pode-se afirmar que a teorização freudiana mantém, permanentemente, uma tensão entre propostas de generalização e busca incessante da singularização. A psicanálise freudiana constitui-se como uma elaborada teoria do funcionamento psíquico e de seus distúrbios, com pretensões universais. É inegável que Freud insiste em demonstrar que há um "irredutível" em toda experiência humana, portanto um "irredutível" universal, que ele denomina inconsciente. Deste ponto de vista, o sujeito que emerge da teorização freudiana é um sujeito marcado por esse "irredutível" que, se de um lado, é uma condição comum a todos, de outro se constituirá de forma singular em cada existência e nunca acaba por constituir-se. As diferentes teorias pulsionais de Freud também pretendem alcançar um estatuto de universalidade, ou seja, todos nós seríamos constantemente determinados pelas exigências colocadas pelas pulsões ao psiquismo. No entanto, em cada ser humano, em diferentes momentos de uma vida, equilíbrios diversos entre as forças em jogo no psiquismo humano determinarão formas singulares de relação com o mundo e com os outros.

Talvez um recurso ao pensamento kantiano possa ser útil para esclarecer um pouco mais esse ponto. Como se sabe, para Kant, não é possível o conhecimento das coisas em si, pois a apreensão do objeto é mediada pelas categorias transcendentais do entendimento. As categorias não são formas sem conteúdo, que existem independentemente da experiência. Pelo contrário, as categorias só existem na relação com o conhecido, poderíamos dizer que são como funções da relação de conhecimento. A noção de categoria deve ser entendida como uma transcendência na imanência. Nesta medida, há um universal, as categorias, que realizam a mediação necessária entre um sujeito e a realidade, em cada um de seus movimentos de conhecimento.

Com certeza, não é possível afirmar que a noção de inconsciente ou de pulsão possa ocupar na teoria freudiana o mesmo lugar que a de categoria ocupa na teoria kantiana, mas de forma análoga eu diria que noções como as acima referidas realizam as necessárias mediações entre um sujeito e a realidade em cada um de seus movimentos existenciais. Com isso, seria preciso afirmar que para Freud a investigação dos movimentos singulares de cada indivíduo é permanentemente informada por uma concepção do psiquismo humano que supõe elementos universais como os de inconsciente e pulsão, assim como o de Complexo de Édipo, mas se volta permanentemente para a singularidade de cada experiência humana.

Ao lado dessas considerações vale também lembrar, que diferentemente da maior parte das teorias psicológicas, na psicanálise o sujeito jamais é concebido como uma unidade. Trabalhando sempre com opostos irreconciliáveis, Freud nos apresenta um sujeito em permanente conflito que, como lembra Mezan (1987), acaba por constituir "assim a primeira e mais fundamental determinação do ser humano. Este conflito interior marca a presença da violência no seu íntimo, violência que só faz aguçar-se à medida que a intersubjetividade vai impondo o seu molde ao lactante..." (p. 342). Uma unidade para sempre perdida, ou nunca de fato estabelecida, forçará o ser humano a uma busca incessante por tornar-se um consigo mesmo. Tarefa para sempre fadada ao fracasso. Nesse sentido, para Freud, somos sempre muitos, quanto mais quisermos ou almejarmos poder ser um só. A noção de sujeito é dos maiores legados que a filosofia moderna ocidental, inaugurada por Descartes, nos deixou. O sujeito da consciência, do qual esperava-se que tudo pudesse e tudo soubesse, recebe com Freud um de seus maiores golpes. Como insistia Freud, ao colocar-se na linhagem de Copérnico e Darwin como o terceiro causador das grandes feridas narcísicas sofridas pela humanidade, não somos senhores nem em nossa própria casa. Onde imaginamos que reina a consciência, reinam de fato as forças inconscientes. E não bastasse isso, reinam em permanente conflito com as exigências colocadas pela realidade externa e pela própria consciência.

Questão 2

Se, para Freud, objetos são representações psíquicas, estas seriam possíveis desde o nascimento? As diferenças entre os objetos infantis e os adultos seria dada pelas histórias de vida e de interações. Como comparar um bebê e um adulto nestes termos?

Questão 3

Esta idéia de representação psíquica não negaria a importância dos objetos empiricamente dados aos indivíduos? Em outras palavras, para o modelo freudiano, não faria diferença para o desenvolvimento psíquico, o contexto real de vida das pessoas? Ao lembrar da noção de "Séries complementares", você compartilha da idéia freudiana de interjogo entre externo e interno. Contudo, ao falar de objetos como representações psíquicas, não há contradição entre esta acepção e a de objetos da percepção? No seu texto, fica uma dúvida a este respeito quando você diz que "nenhuma percepção garante acesso objetivo à realidade". A pergunta é: o que garante? Não seria a percepção o ponto de partida para a objetivação do mundo? Estas elocubrações que eu fiz se relacionam à idéia pouco clara, para mim, no modelo freudiano, de objeto simultaneamente externo e interno. Não seria o objeto interno parte do sujeito e não mais do objeto? Se assim for, sujeito e objeto estão misturados? Se não for assim, como sujeito e objeto se relacionam?

Resposta às questões 2 e 3

Responderei às questões 2 e 3 em conjunto, na medida em que elas recolocam o tema da representação e das percepções, de fato fundamental para uma melhor compreensão da teoria freudiana do objeto.

Em meu texto procurei esclarecer que se há uma tendência mais constante em Freud em considerar a concepção de objeto como objeto psíquico, e nesse sentido objeto é representação psíquica, não há como eliminar o fato que Freud mantém também a presença em sua teoria de objetos da assim chamada realidade externa ou material.

Tanto a noção de objeto, como a de representação têm um longo percurso na história do pensamento ocidental. Freud é herdeiro de toda essa tradição, principalmente das concepções sobre a representação presentes no idealismo alemão. Há, no entanto, um aspecto predominante no modelo de representação presente na filosofia, o de representar subjetivamente um objeto, que não é tomado por Freud como necessariamente central. Como se sabe, para Freud, a representação é mais das vezes a nomeação dada àquilo que do objeto vem a se inscrever nos processos psíquicos, basicamente nas cadeias do sistema mnésico.

Assim, questionar se o objeto, quando é representação psíquica, deixaria de ser objeto, precisaria levar em conta esse uso que faz Freud da noção de representação. No entanto, vale relembrar uma fórmula, proposta a partir de uma capacidade de síntese exemplar, pelo casal de psicanalistas franceses Sara e Cesar Botella[7], para se referir ao caráter simultaneamente externo e interno do objeto: "*seulement dedans, aussi dehors* (somente dentro, também fora)".

Por outro lado, seria preciso insistir que essa questão não nasce com Freud e tampouco termina com ele. Mas, como me cabe explorar em maior profundidade as noções de representação e percepção em Freud e não fazer digressões pela história da filosofia ocidental, vamos ao texto freudiano.

Espero demonstrar, a seguir, em que medida Freud elabora uma teoria do psiquismo calcada no modelo das representações psíquicas e dos afetos que se formam a partir das primeiras percepções, ou seja, desde o primeiro momento de vida. Nesse sentido, se há modificações psíquicas durante a vida elas não se referem ao modelo central de formação e estruturação do psiquismo (pelo menos no que se refere à primeira tópica freudiana), mas a necessidades que se impõem e que irão modificar o funcionamento de elementos já presentes em sua estrutura inicial estabelecida nos primeiros

---

7. Cf. BOTELLA, C. e S. *La figurabilité psychique*, Lausanne: Delachaux et Niestlé, 2001, pp. 122-134.

momentos de vida (basicamente, registros primários de percepções, traços mnêmicos, representações propriamente ditas e afetos). É claro que Freud postula uma teoria psicossexual do desenvolvimento, em que se sucedem fases marcadas por diferentes formas de investimento psíquico sobre zonas corporais, instituindo assim um longo percurso de desenvolvimento, da primeira infância à vida adulta. Mas sua teoria do desenvolvimento não chega a incidir sobre a formação de representações e afetos e sobre seus distintos destinos nos processos psíquicos. Vejamos como essa complexa temática nasce e avança na obra freudiana.

Considerando o texto *Sobre a Concepção das Afasias*, de 1891, como inaugural das concepções de Freud sobre o aparelho psíquico, o que está longe de ser consenso entre os comentadores da obra freudiana[8], depara-se com um Freud claramente vinculado aos problemas da neurologia de sua época e referindo-se à percepção e à representação a partir deste contexto. Logo no início do texto, comentando as teorias de Wernicke, ele escreve:

> Quanto a saber até onde é possível localizar as funções psíquicas ele responde que só as mais elementares podem sê-lo. Uma percepção visual deve ser reportada no córtex à terminação central do nervo ótico, uma percepção auditiva à região do nervo acústico. Tudo que ultrapassa isto, como a combinação de diversas representações em um conceito e outras coisas semelhantes, é uma operação de sistemas de associação, que religa diferentes áreas corticais entre elas e não pode portanto ser localizado em uma área única. [1891(1992), p. 41]

Destaquei esta citação apenas para registrar as referências iniciais de Freud, e a forma como os temas da representação e da percepção aparecem originalmente em suas investigações. Já neste texto, Freud deixa claro que procura ao máximo separar o ponto de vista psicológico do ponto de vista anatômico; no entanto, esta tensão entre um substrato real e o plano da experiência psicológi-

---

8. Ver, por exemplo, as considerações de L. A. Garcia-Roza na introdução do volume 1 de sua *Introdução à Metapsicologia Freudiana*, 1991.

ca, embora fortemente nuançado no decorrer de sua obra, jamais será completamente abandonada. Freud realiza neste estudo inicial a formulação de um aparelho de linguagem, em que merece destaque a introdução de duas noções que estarão presentes de forma central em sua posterior construção de um aparelho propriamente psíquico: representação-objeto [posteriormente, representação-coisa] (*Objectvorstellung*) e representação-palavra (*Wortvorstellung*). A introdução destas noções e do que elas implicam, permitirá a Freud, posteriormente, a elaboração de uma complexa rede de conceitos que visam descrever o funcionamento psíquico (as distinções entre processos primários e secundários – entre o funcionamento do sistema inconsciente e do sistema consciente), assim como de sua apreensão dos estímulos externos e internos. Anuncia-se também, neste seu trabalho inicial, o grande tema diretamente articulado à percepção em toda obra freudiana: o da complexidade das formas de representação e de inscrição no psiquismo das experiências vividas.

Em um trabalho anterior (COELHO JUNIOR, N., 1995) afirmei, um pouco precipitadamente, que Freud não teria questionado, no início de sua obra, o papel da percepção como mediadora entre mundo interior e mundo exterior e que assim a percepção ocuparia, para Freud, de forma geral, o lugar de uma receptadora passiva do mundo exterior. Avaliando este meu trabalho em uma banca, o Professor Luis Alfredo Garcia-Roza[9] afirmou estar surpreendido com esta minha posição, já que em sua concepção, Freud, já em seu texto *Sobre a Concepção das Afasias*, apresenta uma revolucionária teoria da percepção, em relação às teorias psicológicas de sua época. Segundo sua leitura, o aparelho psíquico, nestas primeiras formulações de Freud, não se constituiria a partir da percepção, mas a partir de signos de percepção. O sistema psíquico funcionaria a partir de signos e não a partir de uma captação passiva da realidade externa. Ainda segundo Garcia-Roza, mesmo que a percepção tivesse acesso à realidade externa, o aparato psíquico só tem aces-

---

9. Agradeço ao professor Garcia-Roza a gentileza de me confiar, após a sua arguição, as notas escritas que tomou como base para a sua fala. O que apresento a seguir é a reprodução destas notas.

so aos signos de percepção. No volume 2 de sua *Introdução à metapsicologia freudiana*, Garcia-Roza (1991b), ao retomar aspectos do texto *Sobre a Concepção das Afasias*, já insistia nestes pontos:

> Nesse aparelho, as palavras (ou as *representações-palavra*) adquirem seu significado pela relação que a *imagem acústica* do complexo representação-palavra mantém com a *imagem visual* do complexo formado pelas associações de objeto. E, aqui, Freud inova em termos de uma teoria da percepção. O que se contrapõe à palavra não é o objeto. (p. 31)

Aprofundando seu argumento, logo a seguir ele afirma:

> Nesse aparelho, a representação-objeto não está ali pronta, à espera da representação-palavra para que se produza o significado. Melhor dizendo, a percepção não oferece *objetos* com os quais a palavra vai se articular para obter seu significado. A percepção pura e simplesmente não oferece objetos. Aquilo que ela recebe do mundo não são imagens de objetos, mas imagens elementares (visuais, táteis, acústicas etc.) que vão constituir o complexo das *associações de objeto* (e não da *representação-objeto*). (idem)

Estas observações pedem um exame cuidadoso. Iniciar desta forma uma apresentação sistemática das concepções freudianas da percepção e da representação poderia nos levar a um difícil compromisso com a originalidade de Freud, também neste âmbito. Não creio que Garcia-Roza pretendesse generalizar sua afirmação sobre a possível originalidade de Freud no que diz respeito ao estudo da percepção, no texto *Sobre a Concepção das Afasias*, para toda a obra de Freud. Afinal, também sobre a percepção Freud teve muito mais do que uma teoria.

Um texto de difícil estatuto, *Projeto de uma Psicologia* de 1895, (Freud, [1895] 1995) não publicado por Freud, mas revalorizado nas últimas décadas por inúmeros comentadores, apresenta diversas concepções centrais sobre o binômio percepção-representação, que serão retomadas em vários textos posteriores. Texto complexo, que permite diferentes interpretações[10], apresenta a constituição do psiquismo através da distinção inicial entre as funções de percepção e memória e suas sugeridas materializações em diferentes neurônios: "Há, por conseguinte, neurônios *permeáveis* (que não opõem resistência e que não retêm nada) que servem à percepção, e *impermeáveis* (dotados de resistência e que embargam Q'n), os portadores da memória e, assim, provavelmente dos processos psíquicos em geral. Daqui por diante chamarei o primeiro sistema de neurônios de φ e o último de Ψ. "([1895]1995, p. 13) Deve-se supor duas classes de neurônios: uma que não se altera com as excitações e outra que se altera. Além disso, como aponta Gabbi Junior em uma nota da tradução, "...a percepção é pensada como voltada para fora [e] a memória como algo interno mas que pode, como veremos, transformar o interno em externo (alucinação)." (nota 27) Estes dois aspectos são centrais nesta concepção inicial de Freud. O psiquismo possui simultaneamente a capacidade de estar aberto para todas as excitações novas vindas de fora e de ser capaz de reter representações que constituiriam o psiquismo (interno) propriamente dito. A quantidade de energia e seus investimentos caracterizariam a dinâmica psíquica. Todas as funções psíquicas são explicadas em termos quantitativos. Um pouco mais a frente Freud afirma: "O sistema Ψ, de acordo com o nosso melhor conhecimento, não tem ligação com o mundo externo e só recebe Q, de um lado, dos próprios neurônios φ, e, de outro lado, dos elementos celulares no interior do corpo..." ([1895] 1995, p. 19). Falta integrar a consciência e, portanto, o plano qualitativo, neste sistema basicamente quantitativo e relacioná-la à percepção:

> Onde se originam as qualidades? Não no mundo externo, pois segundo nossa intuição científico-naturalista, à qual a psicologia também aqui [neste 'Projeto'] deve ser submetida, externamente há somente massas e nada mais. Talvez no sistema φ ? Tal hipótese concorda com o fato de que as qualidades estão ligadas à percepção, mas contradiz

---

[10]. Pode-se comparar, por exemplo, só para ficar nos comentadores brasileiros, as diferentes leituras de Garcia-Roza (1991a) e Osmir Faria Gabbi Jr., nas notas de sua tradução do *Projeto* (Freud, 1995).

tudo que com direito defende que o lugar da consciência está em níveis *mais elevados* do sistema nervoso. Portanto no sistema Ψ. Ora, contra tal hipótese há uma importante objeção. Através da percepção são ativados conjuntamente os sistemas ϕ e Ψ; porém há um processo psíquico realizado exclusivamente em Ψ, o reproduzir ou recordar, e este, falando genericamente é *sem qualidade*. A recordação não traz *de norma* nenhum tipo especial de qualidade perceptiva. Então é preciso ter a coragem de supor que haveria um terceiro sistema de neurônios; poderíamos chamar de ω, estimulado junto com a percepção e não com a reprodução, e cujos estados de excitação dariam como resultado as diferentes qualidades, ou seja, seriam as *sensações conscientes*. ([1895] 1995, pp. 22-23)

Esta longa citação justifica-se não só por introduzir a questão da qualidade (que permanecerá de difícil solução até o final da obra de Freud) e um neurônio próprio à percepção, mas também por estabelecer com mais clareza a distinção entre a percepção e sua reprodução psíquica. Mas como Freud pressupõe um modelo quantitativo apoiado na concepção de investimentos de energia sobre os neurônios, um problema sério ainda permanecia sem solução até este momento do *Projeto*. A partir da oposição central prazer-desprazer (eixo central para a compreensão dos processos qualitativos), da noção de desejo, vinculada à vivência de satisfação, e da noção de investimento, restava explicar como é possível diferenciar, no interior do psiquismo, as excitações provenientes de uma percepção real, das excitações provenientes do investimento realizado sobre uma recordação, seja de prazer, seja de dor. Ou seja, como diferenciar percepção de alucinação. Freud introduz então o *ego*, (ou o *eu*), como uma organização que deverá inibir processos psíquicos primários e permitir esta distinção, fornecendo o *signo de realidade*[11]. Freud esclarece:

A partir dos desenvolvimentos {feitos} até agora, segue-se que o eu em Ψ, que, de acordo com suas tendências,

---

11. Cf. Laplanche e Pontalis (1985), p. 490 e Coelho Junior (1995), pp. 30-33.

podemos tratar como o sistema nerv[oso] em seu conjunto, sofre duas vezes, através de processos não influenciados em Ψ, desamparo e dano. Ou seja, uma primeira vez, quando no *estado de desejo*, ocupa de novo a recordação de objeto e então recorre a uma eliminação; neste caso tem de faltar a satisfação porque o objeto não tem *existência real*, mas só existe em *representação* de fantasia. No início, Ψ é incapaz de acertar essa diferença porque só pode trabalhar de acordo com a seqüência de estados análogos entre seus neurônios. Assim é preciso um critério que venha de outro lugar para diferenciar entre *percepção* e *representação*. (...) Destarte, é a *inibição do eu que possibilita um critério de diferenciação entre percepção e recordação.* ([1895] 1995, pp. 38-39).

Em outra nota crítica da tradução, Gabbi Jr. aponta com razão que "Freud explicita que o termo *percepção* refere-se... a uma ocupação em Ψ a partir de ϕ e não a uma ocupação de ω. Toda vez que a quantidade induzida por um objeto externo ultrapassa um certo limiar, esta propaga-se através de ϕ, desperta em Ψ uma representação que lhe corresponde e excita ω." ([1895] 1995, nota 364, p. 183). Assim, o investimento no neurônio ω garante a existência do signo de realidade, confirmando a presença do objeto percebido e a consciência deste objeto. Este processo descreve "o mecanismo por meio do qual se dá um processo no *eu* que procura estabelecer um caminho entre a representação do objeto desejado e a representação do objeto percebido." (([1895] 1995, nota 364, p. 183)

Mais à frente Freud estabelecerá relações nítidas entre a percepção, o pensamento e a realidade:

Portanto, meta e final de todos os processos de pensar, é levar a um *estado de identidade* (...) Se, após a conclusão do ato de pensar, chegar o *signo de realidade* para a percepção, obtém-se o *juízo de realidade* para a percepção, a *crença*, e alcança-se a meta da totalidade do trabalho. ([1895] 1995, p. 46)

Ou ainda:

> A situação psíquica é ali a seguinte: no eu domina a tensão de apetite, em conseqüência, a representação do objeto amado (a representação de *desejo*) é ocupada. A experiência biológica ensinou que esta *r* [epresentação] não deve ser ocupada tão fortemente a ponto de ser confundida com uma p[ercepção], e que se tem de adiar a descarga até que de *R* procedam os signos de qualidade, como prova de que *R* é agora real, é uma ocupação de p[ercepção]. (...) A diferença entre *R* e a p[ercepção] vinda dá, então, a ocasião para o processo de pensar, que chega ao seu fim quando as ocupações de p[ercepção] excedentes são transladadas, por meio de um caminho encontrado, para ocupações de *R* [epresentação] e, então, é alcançada a *identidade*. ([1895] 1995, p. 76)

A descrição do processo psíquico que busca uma identidade entre o objeto percebido e o objeto representado faz de Freud, neste texto, um aplicado aluno da tradição filosófica ocidental. É claro que nada é assim tão simples em se tratando de Freud.

O próximo texto em que Freud apresenta um novo modelo do aparelho psíquico e retoma em novos termos a relação entre percepção e representação é a *Carta 52 a Fliess*, de 6 de dezembro de1896. Freud relata a seu amigo:

> Como você sabe, estou trabalhando com a hipótese de que nosso mecanismo psíquico tenha-se formado por um processo de estratificação: o material presente sob a forma de traços mnêmicos fica sujeito, de tempos em tempo, a um *rearranjo*, de acordo com as circunstâncias – a uma retranscrição. Assim o que há de essencialmente novo em minha teoria é a tese de que a memória não se faz presente de uma só vez, e sim ao longo de diversas vezes, [e] que é registrada em vários tipos de indicações. ([1896] 1986, p. 208)

A seguir Freud apresenta um esquema em que o aparelho psíquico aparece composto dos seguintes elementos, ordenados de forma linear, seguindo uma seqüência temporal:

– W [*Wahrnehmungen (percepções)*] são os neurônios em que se originam as *percepções*, às quais a consciência se liga, mas que, em si mesmas, não retêm nenhum traço de que aconteceu. E isso porque *a consciência e a memória são mutuamente exclusivas.*

– W*z* [*Wahrnehmungszeichen (indicação da percepção)*] é o primeiro registro das percepções; é totalmente inacessível à consciência e se organiza de acordo com associações por simultaneidade.

– *Ub* [*Unbewusstsein* (inconsciência)] é o segundo registro, disposto de acordo com outras relações, talvez causais. Os traços de *Ub* talvez correspondam a lembranças conceituais; é igualmente inacessível à consciência.

– *Vb* [*Vorbewusstsein* (pré-consciência)] é o terceiro registro, ligado à representação-palavra e corresponde ao nosso ego oficial. As catexias [investimentos] provenientes de Vb tornam-se conscientes de acordo com certas regras; e essa *consciência* secundária *do pensamento* é posterior no tempo e, provavelmente, está ligada à ativação alucinatória das representações-palavra, de modo que os neurônios da consciência sejam também neurônios perceptivos e desprovidos de memória em si mesmos.

Se eu pudesse fornecer uma explicação completa das características psicológicas da percepção e dos três registros, teria descrito uma nova psicologia. ([1896] 1986, p. 209)

Esta longa citação revela a preocupação de Freud em estabelecer, em detalhes, o caminho percorrido de uma percepção aos seus sucessivos registros no aparelho psíquico. Todos estes registros são representações? E se são, de que tipo são? Laplanche (1988), comentando esta passagem da *Carta 52*, afirma que ela revela "...um modelo semiológico, mas *não* um modelo lingüístico: os sistemas são feitos de sinais, de *traços* de natureza diferente; mas os sinais lingüísticos só aparecem com a "terceira reescritura", a do préconsciente." (p. 93) E pouco mais a frente ele conclui: "Assim, no próprio lugar do traço de percepção, do Wz, o que é registrado antes mesmo de ser traduzido uma primeira vez, *passivamente* registrado, o que é preciso situar é uma 'mensagem de si mesmo ignorada', um significante enigmático." (p. 94) O percurso da noção de significante enigmático já é longo na obra de Laplanche e não pretendo reproduzi-lo aqui. Quero apenas caracterizar uma forma de interpretação do conteúdo da *Carta 52*, que apresenta novas aberturas para a relação entre percepção e representação.

Primeiro, é importante destacar o fato de Freud insistir em registros ou índices inconscientes, e que estes seriam os iniciais. Embora Freud ainda não esteja aqui se referindo a um sistema inconsciente, o fato dos registros da percepção não estarem diretamente vinculados ou associados à consciência não pode ser desconsiderado. A percepção em si está vinculada à consciência, mas os registros não. Isto abriria espaço para que pudéssemos reconhecer, em Freud, a possibilidade de percepções inconscientes? Ou registros de percepção que são inicialmente inconscientes? Que força Freud atribuiria a estes primeiros registros? Qual o caminho percorrido por estes registros em um sistema inconsciente e qual a possibilidade de não se vincularem efetivamente a representações? Questões que se afastam em parte do texto freudiano e acabam sendo um convite à especulação. Com isso, pretendo deixar claro que não posso deixar de enfatizar a forma como Freud concebe os processos de estratificação e sua proposição de que os materiais presentes sob a forma de traços mnemônicos de tempo em tempo são rearranjados segundo novas circunstâncias. Esta concepção, que nos remete à idéia de camadas de inscrição, permite não somente uma nova teoria da memória, mas uma visão bastante transformada das formas de registro de percepções e suas transformações no tempo. Não é um só registro e um só registro para sempre. Isto talvez seja óbvio para nós pós-freudianos, mas é aspecto fundamental para que se possa compreender todo princípio de mudança e transformação presente no trabalho psicanalítico.

Como se sabe, o primeiro modelo do aparelho psíquico de fato publicado por Freud é o do Capítulo VII de *A Interpretação dos Sonhos* (1900). Neste modelo, o aparelho apresenta uma seqüência que vai da extremidade perceptiva à extremidade motora, como bem descreve Freud:

> Toda a nossa atividade psíquica inicia-se a partir de estímulos (internos ou externos) e termina em enervações.(...). Na extremidade sensória [sensiblen Ende], fica um sistema que recebe percepções; na extremidade motora fica outro, que abre o portão de acesso à atividade motora. Os processos psíquicos, em geral, avançam da extremidade perceptual [Wahrnehmungsende] para a extremidade motora. (1900, pp. 513- 514)

Mantém-se aqui a marca já presente nos textos anteriores, em que a extremidade perceptiva caracteriza-se por sua permeabilidade e que percepção e memória são funções que não podem ser realizadas pelo mesmo sistema. A novidade é que Freud, como nos lembra Perron (1995), inclui um novo elemento, o desejo [*Wunsch*]. Ou seja, agora, além de reconhecermos que o papel da percepção está vinculado ao registro das excitações internas e externas e à constituição tanto das representações de pulsões, como de traços mnêmicos de objetos reais, modelo que podemos considerar clássico da relação percepção – representação, precisamos vinculá-la à esfera do desejo:

> ...a imagem mnésica de uma certa percepção se conserva associada ao traço mnésico da excitação resultante da necessidade. Logo que esta necessidade aparece de novo, produzir-se-á, graças à ligação que foi estabelecida, uma moção psíquica que procurará reinvistir a imagem mnésica desta percepção e mesmo invocar esta percepção, isto é, restabelecer a situação da primeira satisfação: a essa moção é que chamaremos de desejo [*Wunsch*]; o reaparecimento

da percepção é a realização de desejo [*Wunscherfüllung*]. (1990, 539)

A partir de passagens como essa, Perron (1995) sugere que, "de 1895 – *Projeto* a 1938 – *Esboço*, um percurso remarcável irá conduzi-lo [Freud] a colocar que toda percepção, longe de ser uma imagem exata do objeto, é construída pela atividade psíquica." (p. 500)

Freud retomará alguns aspectos das concepções de identidade apresentadas no *Projeto*, ainda no *capítulo VII* de *A Interpretação dos Sonhos* (1900), ao constituir uma das oposições fundamentais de sua obra, no que diz respeito à noção de percepção: aquela que opõe *identidade de percepção* a *identidade de pensamento*. Ao explicitar as características que diferenciam o *processo primário* do *processo secundário*, ele afirma:

> O processo primário esforça-se em garantir a descarga da excitação para, com isso, com a ajuda da quantidade de excitação assim acumulada, estabelecer a *identidade de percepção* [*Wahrnehmungsidentität*]; o processo secundário, no entanto, abandonou esta intenção e estabeleceu outra em seu lugar, o estabelecimento de uma *identidade de pensamento* [*Denkidentität*] (1900, p. 571).

A identidade de percepção ocorre através da força do desejo. A representação da percepção do objeto da satisfação é reinvestida por força do desejo. O reaparecimento da percepção é a realização do desejo. O desejo realiza-se, assim, através de uma alucinação. Freud descreve este processo como uma atividade psíquica primitiva, que precisa ser substituída, já que a identidade de percepção precisaria ser estabelecida não entre representações no mundo interno, mas entre uma representação e um objeto do mundo externo (*Aussenwelt*) (1900, p. 540) São exatamente estas formulações que levaram A. Green (1964) a ver entre as concepções de Freud e as de Merleau-Ponty uma aproximação possível, onde teríamos como equivalentes, ao menos descritivamente, as oposições *identidade de percepção* e *identidade de pensamento* em Freud e *percepção* e *reflexão*, em Merleau-Ponty. Talvez o que precisasse ser discutido neste nível fosse se justamente Merleau-Ponty não dá à percepção uma valorização excessiva, ao apresentá-la como o fundamento de todo ato de conhecimento, enquanto Freud parece fazer o contrário, ao estabelecer uma certa seqüência no desenvolvimento psíquico em que caberia à percepção (ou pelo menos neste modelo à identidade de percepção) o lugar do primitivo, do que precisa ser superado. E ainda resta a questão sobre se o que Freud e Merleau-Ponty entendem por percepção corresponde ao mesmo fenômeno.

Em um texto fundamental do período da segunda tópica, "A Negação" (1925), Freud aborda estas questões por um ângulo diferente:

> Não se trata mais de uma questão de saber se aquilo que foi percebido (uma coisa) será ou não integrado ao ego, mas uma questão de saber se algo que está no ego como representação pode ser redescoberto também na percepção (realidade). É, como se pode notar, novamente uma questão sobre o *externo* e o *interno*. O que é irreal, meramente uma representação e subjetivo, é apenas interno; o que é real está também lá fora. (1925, p. 375)

E, para não deixar dúvidas, Freud ainda acrescenta, em outra passagem do mesmo texto, que:

> ...todas as representações se originam de percepções e são repetições dessas. Assim, originalmente, a mera existência de uma representação constituía uma garantia de realidade daquilo que era representado. A antítese entre subjetivo e objetivo não existe desde o início. Surge apenas o fato de que o pensar tem a capacidade de trazer diante da mente, mais uma vez, algo que já tinha sido percebido, reproduzindo-o como representação sem que o objeto externo ainda tenha de estar lá. Desta forma, o objetivo primeiro e imediato do teste de realidade [*Realitätsprüfung*] não é encontrar na percepção real [*realen Wahrnehmung*] um objeto que corresponda ao representado, mas *reencontrar* tal objeto, convencer-se de que ele está lá...

A reprodução de uma percepção como representação nem sempre é uma repetição fiel [getrue Wiederholung]; pode ser modificada por omissões ou alterada pela fusão de diferentes elementos. (1925, p. 375)

A partir de uma passagem como essa sou obrigado a afirmar que para Freud a reprodução de uma representação nem sempre é uma repetição fiel. Com isso seria preciso admitir que a representação pode ser irreal, subjetiva e interna. O real, assim, seria o que é externo. Mas quais seriam os diferentes elementos que por fusão modificariam a representação e impediriam que ela fosse uma repetição fiel? Difícil saber se Freud postula com isso um psiquismo e uma apreensão da realidade que em sua constituição tragam já em si a impossibilidade de que as representações sejam repetições fiéis, ou o contrário, se as distorções não pertencem à percepção e ao psiquismo e seriam, portanto, de fato, *distorções*. Ou seja, é difícil saber se Freud afirma que todo conhecimento é necessariamente uma construção psíquica que não tem um maior compromisso com a assim chamada "realidade externa", ou se, ao contrário, ele supõe que um psiquismo "saudável" deveria ser capaz de apreender a realidade sem distorções, a verdadeira realidade.

Mas Freud afirma também que "originalmente a existência da representação é já a garantia da realidade do representado." (1925, p. 375) Aparece aqui, uma vez mais, a ambigüidade de Freud com relação a este tema, mesmo porque não é de todo incoerente com sua teoria supor também que existam representações de objetos irreais ou de processos puramente fantasiados. Por outro lado, não podemos esquecer de que é o mesmo Freud que afirma que toda fantasia se apoia sobre um grão de realidade.

Estas oposições entre interno e externo, entre real e fantasiado estão no centro de sua teoria, e compõem necessariamente a concepção de sujeito que emerge de sua obra, como espero ter podido apresentar introdutoriamente no texto principal sobre as variações do lugar do objeto na obra freudiana[12]. Ou seja, um su-

---

12. Para esclarecimentos mais aprofundados sobre os aspectos apresentados nessa última resposta, remeto o leitor a outros dois textos meus: Coelho Junior, N. (1995) e Coelho Junior, N. E. (1999).

jeito que emerge, necessariamente, da suplementariedade de experiências "internas" e "externas", de "natureza" e "cultura", de "fantasias" e "realidades", ou ainda, a partir de complexas relações com objetos "externos" e "internos".

Referências bibliográficas das respostas do debate

BOTELLA, C. e BOTTELA, S. (2001) *La figurabilité psychique*, Lausanne: Delachaux et Niestlé.

COELHO JUNIOR, N. (1995) *A Força da Realidade na Clínica Freudiana*, São Paulo: Editora Escuta.

COELHO JUNIOR, N. E. (1999) "Inconsciente e Percepção na Psicanálise Freudiana", *Psicologia USP*, 10, (1), São Paulo, pp. 25-54.

FREUD, S. ([1891] 1992) *Zur Auffassung der Aphasien*, Frankfurt: Fischer Verlag.

_____. ([1895] 1995) *Projeto de uma Psicologia*, Rio de Janeiro: Imago, tradução e notas de Osmir Faria Gabbi Jr.

_____. ([1896] 1986) Carta 52 a Fliess, In: MASON, J. M. (Ed.) *A Correspondência Completa de Sigmund Freud para Wilhelm Fliess*, Rio de Janeiro: Imago, tradução de Vera Ribeiro.

_____. (1900) *Die Traumdeutung, Studienausgabe*, vol. II, Frankfurt: S. Fischer Verlag, 1970.

_____ (1914) *Zur Einführung des Narzissmus, Studienausgabe*, vol. III, Frankfurt: S. Fischer Verlag, 1970.

_____. (1925) *Die Verneinung, Studienausgabe*, vol. III, Frankfurt: S. Fischer Verlag, 1970.

GARCIA-ROZA, L. A. (1991a) Introdução à Metapsicologia Freudiana .1, Rio de Janeiro: Jorge Zahar.

_____. (1991b) Introdução à Metapsicologia Freudiana 2, Rio de Janeiro: Jorge Zahar.

GREEN, A. (1964) "Du comportament a la chair: intinéraire de Merleau-Ponty", *Critique*, Paris, 211-1964.

_____. (1988) "Pulsão de morte, narcisismo negativo, função desobjetalizante". In: *A Pulsão de Morte*, Coletivo, São Paulo: Escuta, tradução de Claudia Berliner, pp. 57-68.

LAPLANCHE, J. (1988) *Teoria da Sedução Generalizada*, Porto Alegre: Artes Médicas, tradução de Doris Vasconcellos.

LAPLANCHE, J. & PONTALIS (1986) *Vocabulário da Psicanálise*, São Paulo: Martins Fontes, tradução de Pedro Tamen.

MEZAN, R. (1987) *Freud: a trama dos conceitos*, São Paulo: Perspectiva.

PERRON, R. (1995) "Prendre pour vrai", *Revue Française de Psychanalyse*, Paris: P.U.F., 2-1995.

2- AS NOÇÕES DE SUJEITO E OBJETO NA TEORIA DE JEAN PIAGET[13]

*Maria Thereza Costa Coelho de Souza**

Este texto tem como principal objetivo apresentar as noções de sujeito e objeto extraídas da obra de Piaget. A tarefa de discutir estas noções é árdua, visto que, se estas noções permeiam toda a obra do autor e conferem à sua teoria características peculiares, a definição desses conceitos não pode ser efetuada sem dificuldades.

Epistemologia e Psicologia

Como é possível o conhecimento? Como se passa de um estado de menor conhecimento para outro, superior? O interesse por questões relativas à natureza do conhecimento e as condições em que este se dá permeia a epistemologia genética de Piaget, expressando-se no seu modo de tratar a construção do conhecimento e configura-se como pano de fundo para o exercício de debate ora proposto: discutir a noção de sujeito e a concepção de objeto para este autor. Estas noções definem uma maneira de conceber o co-

---

[13]. Trabalho apresentado na XXIX Reunião Anual de Psicologia da Sociedade Brasileira de Psicologia, na mesa-redonda Noção de objeto, concepção de sujeito: Freud, Piaget e Boesch, em outubro de 1999, em Campinas, SP.

* **Maria Thereza Costa Coelho de Souza** é professora de Psicologia do Desenvolvimento do Instituto de Psicologia da Universidade de São Paulo e vice-coordenadora do Laboratório de Estudos do Desenvolvimento e Aprendizagem (LEDA). Realiza pesquisas há mais de dez anos sobre as relações entre desenvolvimento afetivo e cognitivo numa perspectiva piagetiana, utilizando contos de fadas. Publicou capítulos de livros e artigos em periódicos nacionais e internacionais. E-mail: desouza@usp.br

nhecimento que se traduz numa teoria da adaptação do pensamento à realidade, uma teoria da evolução intelectual qualificada pelo próprio autor como dialética. Trata-se, assim, de resgatar o valor das noções de sujeito e objeto para a concepção de desenvolvimento de Piaget, discutindo a articulação entre sua epistemologia genética e a psicologia do desenvolvimento, de modo a capturar a visão de interdependência subjacente. Para isto, faz-se necessário recorrer às idéias piagetianas a respeito do campo da epistemologia e do papel da psicologia como método de análise. Além disso, deve-se retomar o modelo da equilibração, criado pelo autor para explicar a passagem de um patamar de menor equilíbrio ou conhecimento, para outro, de maior equilíbrio ou de conhecimento superior. Esta teoria da equilibração explica, então, o funcionamento da inteligência e a produção de conhecimentos significativos para os indivíduos, os quais somente são possíveis graças às ações que estes realizam sobre os objetos. Contudo, nem todas as ações são capazes de promover conhecimento, mas somente aquelas que são significativas porque encaixadas num sistema de ações coordenadas e porque compensam as perturbações desencadeadas ou pelas resistências dos objetos ou pelas lacunas do próprio sistema (cognitivo) conhecedor.

Neste modelo da equilibração, destacam-se três elementos: perturbações, regulações e compensações. O primeiro elemento é definido como um aspecto do objeto ou do sistema cognitivo do sujeito que o tira do equilíbrio anterior, movendo-o em direção a uma nova solução. As regulações, por sua vez, são as reações efetuadas pelo sujeito para anular ou compensar as perturbações que tiraram o sistema de seu equilíbrio anterior. Finalmente, as compensações referem-se aos tipos de regulações efetuadas as quais podem evitar a perturbação ou negá-la enquanto tal; podem desviar seu foco, equilibrando parcialmente o sistema; ou podem anular ou compensar totalmente a perturbação inicial. Este jogo de perturbações/regulações/compensações é, então, explicado pela teoria da equilibração, a qual aborda o funcionamento da inteligência em todos os níveis de desenvolvimento.

Em *Lógica e conhecimento científico* (1981), ao discorrer sobre as correntes da epistemologia contemporânea, diz-nos Piaget:

"Consistindo a natureza de todo o conhecimento em constituir uma certa relação entre o sujeito e o objeto, a epistemologia derivada de uma ciência procurará, pois, determinar as partes respectivas do sujeito e do objeto no modo particular de conhecimento que caracteriza esta ciência." (pág. 524)

Partindo deste pressuposto, o autor analisa as tendências epistemológicas à luz das tríades reducionismo/anti-reducionismo/construtivismo e objeto/sujeito/interação sujeito-objeto, com o intuito de discutir as diversas correntes epistemológicas e justificar a localização da epistemologia genética na intersecção entre o construtivismo e a interação sujeito-objeto. Isto significa dizer que, de acordo com esta perspectiva, só se poderia pensar o conhecimento como produzido por estruturas que se desenvolvem a partir de estruturas mais simples (não havendo, assim, estruturas sem gênese), e, ao mesmo tempo, a partir das mútiplas interações entre sujeito e objeto (o conhecimento não estando nem unicamente no sujeito nem somente no objeto).

Para Piaget, a psicologia fornece os métodos que permitem controlar e acompanhar as condições em que o conhecimento se dá. Esta idéia transfere sua teoria do conhecimento para o universo das teorias psicológicas de desenvolvimento, uma vez que para investigar a natureza e as condições em que o conhecimento se dá, o autor acredita que se deve seguir o comportamento do sujeito desde o nascimento até a idade adulta, com vistas a detectar as diferentes formas da inteligência construídas ao longo do desenvolvimento e que são responsáveis pelo conhecimento dos objetos. A teoria do conhecimento converte-se, então, numa teoria da adaptação do espírito à realidade regida pelo duplo processo de assimilação e acomodação, o qual promoveria, simultaneamente, a objetivação e a interiorização do conhecimento e o progresso cognitivo.

"Psicologicamente, ele (o sujeito) é estudado no seu comportamento, e constata-se então que o seu desenvolvimento se traduz sob a forma de uma seqüência de interiorizações das condutas: passagens da linguagem exterior para uma linguagem interior, das ações materiais para as operações interiorizadas, etc., mas constata-se também que o mecanismo interno das coordenações, portanto as coordenações gerais

entre as ações, dá lugar da parte do sujeito a uma série de abstrações formadoras de operações lógicas..." (ibid. pág. 542)

Piaget atenta, portanto, para o duplo aspecto das ações: o aspecto físico e o aspecto mental e ainda para a dupla construção que ocorre quando da interação dialética entre sujeito e objeto. Por um lado, a construção do objeto e, por outro, simultaneamente, a transformação do sujeito. Esta dupla construção foi amplamente descrita em obras a respeito da tomada de consciência das ações; o universo do fazer (até o mais alto grau de complexidade e coordenação) e o do compreender (que implica reconstrução no plano mental/interiorizado da rede de mecanismos construída no plano motor). A partir dos encontros entre sujeito e objetos, desencadeia-se um duplo processo de exteriorização (rumo à compreensão do objeto) e interiorização (em direção à compreensão das ações do sujeito), o qual permitirá não somente o conhecimento sobre o objeto, mas também o conhecimento sobre a forma da inteligência do sujeito implicada nestes atos assimilativos.

O sujeito ativo e construtor da inteligência

De que sujeito fala-nos, então, a teoria de Piaget? Para o autor, sujeito é aquele que assimila os objetos por meio de suas ações físicas e/ou mentais, e que, ao fazer isto, transforma-os e incorpora-os, construindo conhecimentos a este respeito. Trata-se, portanto, de um sujeito conhecedor, o qual necessita agir sobre o mundo para penetrar nas suas leis de constituição. Sujeito é, assim, aquele que tem a possibilidade de conhecer (dada por sua espécie) e que agindo sobre os objetos, constroe formas (estruturas) cada vez mais complexas para adaptar-se a estes, nas diferentes etapas de sua vida. E mais, as construções efetuadas são cada vez melhores, no sentido de que as novas formas são superiores porque integram as anteriores, o que permite ao sujeito assimilar não somente uma gama maior de objetos (ganho em extensão), mas principalmente assimilá-los de um modo cada vez mais complexo e menos dependente da realidade concreta (ganho em qualidade). No decorrer de sua obra, Piaget depurou a noção de sujeito, acrescentando-lhe a característica de criador de procedimentos para solucionar problemas que lhe permitissem a construção do conhecimento, procedimentos estes que só podem ser apreendidos a partir dos mecanismos íntimos das ações, por meio de uma análise denominada microgenética e desenvolvida por seguidores do mestre de Genebra, tais como Inhelder e Céllerier. Para estes pesquisadores, a análise dos procedimentos avança em relação à perspectiva macrogenética, o que transfere o sujeito de sua dimensão epistêmica para a dimensão psicológica.

O sujeito é, portanto, nessa perspectiva, ativo e construtor de sua inteligência a cada encontro que realiza com os objetos que visa assimilar, seja esta ação sobre o objeto exclusivamente física (nos primeiros meses de vida), simbólica (a partir da interiorização das ações) ou lógica (porque encaixada num sistema de ações coordenadas e reversíveis).

A idéia de um sujeito ativo é fundamental na abordagem de Piaget, mas não se trata de uma atividade ou ação solitária ou desvinculada de uma meta, mas de uma ação dirigida para um objetivo, mesmo que este seja inicialmente apenas repeti-la para alcançar novamente um efeito observado casualmente (reação circular), para posteriormente coordená-la com outras numa relação entre meios e fins e ainda variá-la para observar os diversos efeitos provocados.

O autor manteve-se fiel ao princípio de uma origem biológica para a inteligência que se adapta ao mundo, o que levou à idéia de um sujeito com estruturas mentais análogas às estruturas orgânicas e que funcionam de acordo com os mesmos processos invariantes: assimilação e acomodação. Os processos invariantes que regulam o funcionamento das estruturas mentais permitem-lhes, ao mesmo tempo, conservar-se enquanto tal e transformar-se para adaptar-se ao mundo. Em outras palavras, assimilação e acomodação garantem a manutenção e transformação do sistema cognitivo, em suas trocas intermináveis com o meio, pois que são responsáveis pela abertura do sistema para a incorporação de novidades e, simultaneamente, pelo fechamento deste para manter íntegro e apto para funcionar.

É importante mencionar ainda mais uma qualidade atribuída por Piaget às ações do sujeito conhecedor, a de serem estruturadas pela inteligência e mobilizadas pela afetividade (energia impulsionadora da ação). Esta última daria os objetivos para as ações e a inteligência daria os meios para que o objetivo seja atingido. As concepções do autor sobre as relações entre afetividade e inteligência são importantes ao se tratar da noção de sujeito, pois lhe conferem uma outra característica: a de ser também impulsionado em direção aos objetos por sentimentos e interesses, os quais também vão contribuir para que a assimilação se dê. Assim sendo, o autor se refere a um sujeito simultaneamente afetivo e cognitivo que se dirige para o objeto, buscando assimilá-lo, de acordo com um interesse afetivo e com possibilidades cognitivas para realizar a assimilação. Ao fazê-lo, supre uma necessidade ao mesmo tempo afetiva e cognitiva, pois supera o desequilíbrio que o objeto causou em seu sistema. Pensar em afetividade na teoria de Piaget é, no mínimo, diferente de retomar suas concepções somente a respeito da inteligência e, de fato, este autor não formulou uma teoria sobre afetividade. No entanto, formulou sua tomada de posição a este respeito ao afirmar que a afetividade não era seu foco de estudo, uma vez que a considerava de difícil verificação empírica, mas ao reconhecer seu papel fundamental para o desenvolvimento psicológico e sua relação íntima com os aspectos cognitivos do desenvolvimento.

Considerando estas idéias extraídas da teoria de Piaget sobre a noção de sujeito, poderíamos concluir que esta é fundamental no paradigma piagetiano, visto que é elemento imprescindível para explicar a construção do conhecimento sobre o objeto e, ao mesmo tempo, a concepção evolutiva do desenvolvimento psicológico, em função das transformações da inteligência a partir das relações estabelecidas com o mundo.

Os objetos: desafios à assimilação

O objeto, físico ou social, existe para um sujeito na medida em que pode ser por ele assimilado, apresentando-se sob a forma de desafio e sendo transformado pela ação conhecedora. O conhecimento assim construído pode ser físico (calcado nas propriedades do objeto) ou lógico-matemático (porque baseado nas coordenações das ações aplicadas sobre o objeto).

Se os objetos somente existem em relação às ações assimiladoras, se eles resistirem a estas ações, o sistema enfrentará desequilíbrios que devem ser superados para que o sistema cognitivo evolua. As resistências do objeto são um fator importante de perturbações do funcionamento do sistema cognitivo e de sua superação dependerá o tipo de compensação efetuada pelo sujeito, rumo a um melhor conhecimento do objeto. Assim, esta concepção de objeto é fundamental na perspectiva piagetiana para a compreensão das características dos conhecimentos sobre os objetos e, correlativamente, das características da inteligência do sujeito conhecedor.

Pode parecer que na abordagem de Piaget ocorra ênfase maior no papel do sujeito, já que a evolução em estágios descreve as diferentes formas de organização (estruturas) construídas para conhecer e, ainda que o autor ressalte que esta construção passa necessariamente pelas interações com os objetos, estes últimos são tomados como equivalentes, sejam físicos, simbólicos ou sociais. Esta equivalência pode levar à crítica de que, para Piaget, objeto físico e objeto social não precisam ser diferenciados e que o mundo físico e o mundo social desencadeariam no sujeito as mesmas reações. De fato, Piaget não valoriza em sua obra a especificidade dos objetos sociais e sua importância para as interações entre sujeito e objetos; quando inclui o fator interação social dentre os fatores responsáveis pelo desenvolvimento mental, equipara o fator social aos fatores maturação e experiência, dando maior destaque ao fator equilibração, o qual integra e regula os outros três. O objeto social constituiu-se, assim, num objeto a ser assimilado tal como o objeto físico e, nesse sentido, lhe é equivalente. Contudo, o autor reconhece as diferenças de natureza existentes entre esses tipos de objeto, mas mantém seu ponto de vista de que é o sujeito que atribuirá significado ao objeto social no processo de assimilação, sendo que este significado não se confunde com a qualidade social do objeto.

A título de conclusão

Como conclusão, poderíamos afirmar que, na abordagem piagetiana, sujeito e objeto são inseparáveis e interdependentes e que a chave para a compreensão de ambos está no entendimento das coordenações e propriedades das ações realizadas pelo sujeito sobre os objetos (físicos, sociais e afetivos) com os quais se defronta. O que Piaget denominou epistemologia construtivista refere-se, portanto, a uma visão segundo a qual o conhecimento só é possível a partir da interdependência entre estruturas mais complexas e estruturas mais simples e, simultaneamente, entre sujeito e objeto. Considerando esta visão epistemológica, Piaget crê, então, encontrar na psicologia o método ideal de análise das mudanças observadas nos conhecimentos, voltando-se para o estudo das etapas pelas quais o conhecimento passa de um estado de menor equilíbrio para outro, de equilíbrio melhor. Para isto, criou o modelo da equilibração, o qual descreve o funcionamento cognitivo em seus aspectos intrínsecos, considerando os elementos observáveis e as coordenações (do sujeito e do objeto). Oferece assim, uma explicação psicológica para a questão clássica da epistemologia, qual seja, a de como é possível o conhecimento.

Referências bibliográficas

PIAGET, J. & INHELDER. B., (1966) La psychologie de l'enfant, PUF: Paris

PIAGET, J. (1970) *Épistemologie des sciences de l'homme*. Idées. Paris: Gallimard.

_____. (1975) *L' équilibration des structures cognitives: problème central du devéloppement*. Paris: PUF

_____. (1981) *Lógica e conhecimento científico*. Porto: Livraria Civilização.

DEBATE

Questões propostas por Nelson:

QUESTÃO 1

Quando Piaget postula a teoria da adaptação do pensamento à realidade, de que forma concebe-se a noção de realidade? Deve ser entendido que a realidade precede o pensamento, precede o sujeito? Você faz referência à dependência (e menos dependência) da realidade concreta (ganho de qualidade do sujeito). Pressupõe-se, então, uma realidade anterior ao sujeito?

QUESTÃO 2

Neste mesmo sentido, o que é exatamente adaptar o espírito à realidade? Adaptar à qual realidade?

QUESTÃO 3

Mesmo com as indicações já presentes no texto, talvez pudesse ser interessante desenvolver um pouco mais a idéia de que a afetividade (enquanto energia impulsionadora da ação) mobiliza as ações do sujeito conhecedor. Com isso, talvez possa ficar mais claro como Piaget entende o movimento intencional dos sujeitos em direção aos objetos.

QUESTÃO 4

Há uma referência à interação dialética entre sujeito e objeto. O que se entende, nesse caso, por dialética?

Questões propostas por Lívia:

Algumas das minhas questões, por caminhos diversos, convergem para aspectos também apontados nas questões do Nelson. Talvez isto indique que, ao olharmos de "lugares" diferentes, estamos enxergando aspectos que podem ser nucleares, o que me pareceu interessante para o diálogo ao qual estamos nos propondo no livro. Da mesma forma, parece que pelo menos uma das questões que estou colocando para o texto da Thereza, o Nelson colocou em certo sentido para o meu texto, o que fica bem interessante pensando-se na afiliação de Boesch a Piaget que, por sua vez, está numa das questões da Thereza para mim. Por outro lado, há que se considerar, é claro, que, no significado das questões de cada um de nós, está forçosamente implicado o recorte teórico-epistemológico que nos orienta a cada um.

Na formulação das questões que se seguem, estou tomando como central o fato de Piaget ser um construtivista por excelência, embora, atualmente, pareça mais produtivo falarmos em "construtivismos", no plural. Em todos eles, entretanto, está implicada a idéia da pessoa como construtora de seu próprio desenvolvimento, diante das possibilidades encontradas e individualmente elaboradas em sua experiência no mundo.

QUESTÃO 1

A primeira questão se refere à relação realidade/sujeito, levando-se em conta que, do enfoque construtivista, o sujeito é justamente construtor (ou co-construtor) da realidade. Daí pergunto qual o sentido, para Piaget, das idéias de "adaptação do pensamento à realidade, do espírito ao real", "maior ou menor dependência do pensamento em relação à realidade concreta", "inteligência que se adapta ao mundo", mesmo considerando que a noção de adaptação envolve o entrejogo assimilação/acomodação. Parece que há mais de um sentido de "realidade" para Piaget. Acho, aliás, que esta questão se coloca para vários construtivismos, não só para o de Piaget, e compreendê-la no contexto piagetiano poderia ser um começo para um futuro colóquio. Na mesma direção, quase que como conseqüência, segue-se a questão da noção de objeto: em que medida ele é "construído" pelo sujeito que, por sua vez, também se transforma nessa interação[14] e em que medida ele faz parte de uma realidade que transcende o sujeito (sujeito penetra nas leis de constituição do mundo).

QUESTÃO 2

A propósito de dialética, Piaget assim qualifica sua teoria, propondo uma interação dialética sujeito – objeto. Grosso modo, tal como o entendo, o processo dialético é fundamental para dar conta da compreensão do desenvolvimento, devido às idéias de co-presença de opostos gerando reorganização de elementos interdependentes numa nova síntese, hierarquicamente superior, sendo que a nova organização reterá em si a possibilidade de nova oposição. Contemporaneamente, para os construtivismos, a co-presença de opostos e na nova organização emergente implicam não só a idéia de transformação (desenvolvimento), mas também de imprevisibilidade na direção da inovação, supondo-se não só um sujeito ativo, mas também criativo e original (próximo, em certo sentido, ao bergsoniano). Deste ponto de vista, uma teoria dialética deveria acolher a idéia de imprevisibilidade no desenvolvimento. Como se dá isto para Piaget? Como isto se relaciona com a idéia de "controle", que implica previsibilidade?

QUESTÃO 3

Como o "sujeito piagetiano" se relaciona com os significados culturais dos objetos (que implica o "outro")? Neste mesmo sentido, o que seria um "melhor conhecimento do objeto"?

QUESTÃO 4

Haveria, para Piaget, possibilidade de ação transformadora da afetividade, além de ser uma energia impulsionadora da ação?[15]

---

14. Este aspecto, aliás, tem a ver com a primeira questão que o Nelson colocou sobre o meu texto, que pretendo ver se consigo discutir tentando destrinchar um pouco o fio Piaget → Boesch (que tem outras influências além da piagetiana). Neste sentido, toca-se em uma das questões propostas pela Thereza para mim.

15. Vejo agora que esta questão tem relação com a que a Thereza faz para mim, sobre a herança de Janet para Piaget e Boesch.

Texto-resposta escrito por Maria Thereza Costa Coelho de Souza

AS CONCEPÇÕES DE REALIDADE, CULTURA E AFETIVIDADE NA PERSPECTIVA PSICOGENÉTICA PIAGETIANA

Dando andamento ao debate Piaget, Freud, Boesch quanto às concepções de sujeito e objeto, faz-se necessário explicitar a posição epistemológica piagetiana sobre as noções de realidade, cultura e afetividade, uma vez que estas perpassam suas concepções de sujeito e objeto. Sobre a primeira, pergunta Coelho Junior: *A qual realidade Piaget se refere? Esta precede o pensamento? Precede o sujeito? É, assim, anterior ao sujeito?* Já Simão entende que para Piaget há mais de um "sentido" de realidade; um que se refere a uma realidade externa ao sujeito e na qual este penetra, e outro que focaliza uma realidade que é construída pelo sujeito em suas ações de conhecimento. *Seria esta a concepção de Piaget?*

Da mesma forma, o esclarecimento das concepções de afetividade e cultura no referencial piagetiano permite, por um lado, a explicitação do papel das necessidades e interesses sobre a evolução da inteligência, e, por outro lado, a distinção entre as interferências atribuídas às relações sociais e aquelas devidas ao amadurecimento biológico. Como veremos, o desenvolvimento mental para Piaget será explicado por sua teoria da equilibração e sua abordagem dialética, as quais são responsáveis pelos progressos e também pela conservação das estruturas que permitem o conhecimento.

A NOÇÃO DE REALIDADE: O EU E O MUNDO

A questão da realidade é instigante e complexa e leva à busca nos textos piagetianos e ao exercício de interpretação, com o objetivo de esclarecer esta importante noção e, em última análise, este posicionamento epistemológico. Curiosamente esta foi a questão apresentada a Coelho Junior a respeito da perspectiva freudiana. Perguntar é, sem dúvida, mais fácil do que responder.

Quanto à abordagem de Piaget, como veremos, seus textos não deixam dúvidas de que reconhece e acredita na existência de